历史的丰碑丛书

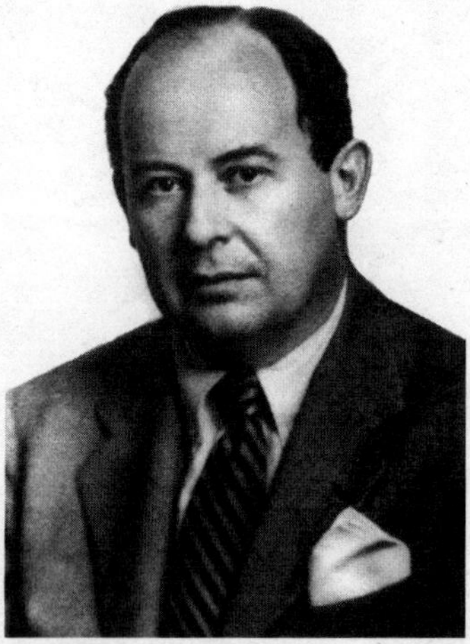

科学家卷

电子计算机之父
冯·诺伊曼

韩文峰　张邦佐　编著

吉林人民出版社

图书在版编目（CIP）数据

电子计算机之父——冯·诺伊曼／韩文峰，张邦佐 编著．－－长春：吉林人民出版社，2011.4（2025.4重印）
（历史的丰碑丛书）
ISBN 978-7-206-07656-5

Ⅰ．①电… Ⅱ．①韩… ②张… Ⅲ．①冯·诺伊曼（1903～1957）－生平事迹－青年读物②冯·诺伊曼（1903～1957）－生平事迹－少年读物 Ⅳ．① K837.126.11-49

中国版本图书馆 CIP 数据核字 (2011) 第 037164 号

电子计算机之父 冯·诺伊曼
DIANZI JISUANJI ZHI FU FENG NUOYIMAN

编　　著：韩文峰　张邦佐
责任编辑：张文君　　　　封面设计：孙浩瀚
制　　作：吉林人民出版社图文设计印务中心
吉林人民出版社出版 发行（长春市人民大街7548号 邮政编码:130022）
印　刷：北京一鑫印务有限责任公司
开　本：787mm×1092mm　1/16
印　张：8　　　　字　数：72千字
标准书号：ISBN 978-7-206-07656-5
版　次：2011年4月第1版　　印　次：2025年4月第3次印刷
定　价：35.00元

如发现印装质量问题，影响阅读，请与出版社联系调换。

编者的话

"欲知大道，必先为史"。

回溯人类的足迹，人们首先看到的总是那些在其各自背景和时点上标志着社会高度和进步里程的伟大人物。他们是历史的丰碑，是后世之鉴。

黑格尔说："无疑，一个时代的杰出个人是特性，一般说来，就反映了这个时代的总的精神。"普希金说："跟随伟大人物的思想是一门引人入胜的科学。"

以史为鉴，面向未来。作为21世纪的继往开来者，我们觉得，在知史基础上具有宽广的知识结构、开阔的胸襟和敏锐的洞察力应是首要的素质要求，而在历史的大背景

◆ 历史的丰碑丛书

中追寻丰碑人物的思想、风范和足迹，应是知史的捷径。

考虑到现代人时间的宝贵，我们期盼以尽量精短的篇幅容纳尽量丰富的信息，展现尽量宏大的历史画卷和历史规律。为此，我们编撰了这套丛书。

编撰丛书的过程，也是纵览历代风云、伴随伟人心路、吸收历史营养的过程。沉心于书页，我们随处感受着各历史时期伟大人物所体现的推动历史进步的人类征服力量。我们随着伟人命运及事业的坎坷与辉煌而悲喜，为他们思想的深邃精湛、行为的大气脱俗而会意感慨、拍案叫绝。

然而，在思想开始远游和精神获得享受的同时，我们也随之感受到历史脚步的沉重

编者的话 ◆

和历史过程的曲折。社会每前进一步都是艰难的，都伴随着巨大的痛苦和付出。历史的伟大在于它最终走向进步，最终在血污中诞生了鲜活的"婴孩"。

历史有继承性和局限性，不能凭空创造。伟人也有血肉，他们的思想、行为因此注定了同样具有历史的局限性和阶级的、时代的烙印；他们的功业建立于千千万万广大人民群众伟大创造的基础上。历史是人民群众创造的，伟大的人物们是历史和时代造就的。同时，我们也无法否定此间他们个人的努力。这也正是我们编撰这套丛书的目的。

我们期盼着这套丛书得到社会的认同，对读者，特别是青少年读者之历史感、成就感和使命感的培养有所裨益。史海浩瀚，群

◆ 历史的丰碑丛书

星璀璨。我们以对广大青少年读者负责的精神，精心遴选，以助力青少年成长进步，集结出版了《历史的丰碑》系列丛书，敬请读者批评、指正。

历史的丰碑丛书

编 委 会

策　划：胡维革　吴铁光
　　　　林　巍　冯子龙

主　编：胡维革　邢万生

副主编：贾淑文　谷艳秋

编　委：（按姓氏笔画为序）
　　　　于二辉　刘士琳
　　　　刘文辉　孙建军
　　　　李艳萍　吴兰萍
　　　　杨九屹　隋　军

自从18世纪蒸汽机问世以来，再也没有比电子计算机的发明更加令人激动的事情了。电子计算机的出现，是人类智力解放道路上的重要里程碑。

约翰·冯·诺伊曼为电子计算机的正式诞生做出了开拓性的贡献，这位美籍匈牙利科学家因此而被人们戴上了"电子计算机之父"的桂冠。然而，同冯·诺伊曼在许多领域内博大精深的成就相比，他在计算机方面的贡献仅仅是其中的一小部分。在数学方面，他创立了现代数学的新分支——算子代数（被人们称为"冯·诺伊曼代数"）；在理论物理方面，他建立了量子力学的数学表达式……

他的生命是短暂的，可是他留给人类的财富，却是那样丰硕，那样永恒。

目 录

天才的诞生 ◎ 001

请不到家庭教师的少年 ◎ 007

求学欧洲 ◎ 018

普林斯顿的"数学明星" ◎ 028

转向应用数学 ◎ 043

洛斯·阿拉莫斯的约翰尼 ◎ 056

电子计算机之父 ◎ 069

冯·诺伊曼的设想 ◎ 087

巨星的陨落 ◎ 098

缅怀巨星 ◎ 106

历史的丰碑丛书

电子计算机之父　冯·诺伊曼

天才的诞生

> 即使是天才，他的第一声啼哭也和平常儿童一样，决不会就是一首好诗。
> ——鲁迅

1903年12月28日，在匈牙利首都布达佩斯，约翰·冯·诺伊曼诞生了。当时的匈牙利，是奥匈二元帝国的一部分，布达佩斯是其第二京都，一直到第一次世界大战结束。当时的奥匈帝国一直进行着封建王朝的高压统治和极端的民族压迫政策。奥匈帝国虽然有多个民族，但是只有日耳曼人和马扎尔人（匈牙利人）地位较高，而其他民族，包括犹太人在内，都是受歧视的民族。约翰·冯·诺伊曼就诞生在犹太家庭里。

约翰的父亲麦克斯·冯·诺伊曼是一位小有名气的银行家,后来麦克斯还从奥地利皇帝约瑟夫一世那里获得了贵族称号。麦克斯一家虽然资产颇丰,经济上富裕,但是,由于犹太民族是被压迫的民族,麦克斯一家的地位并不高,小约翰的诞生给麦克斯一家带来了巨大的欢乐,也给银行家带来了极大的希望,银行家希望他的长子小约翰将来能够继承自己的产业。

银行家对小约翰的喜爱可以说到了溺爱的程度,他不仅平时空闲时逗孩子玩耍,就是在工作很忙的情况下,他也要抱一抱孩子,有时候银行家在书房算账时还要把孩子带在身边。小约翰不会走时,银行家常常一边算账,一边逗放在膝上的小约翰玩,有时银行家还把自己的账本给孩子看,当他看到小约翰目不转

←布达佩斯

电子计算机之父　冯·诺伊曼

睛地盯着账本上那一串串数字时，父亲常常有这样一种感觉，儿子能够看懂账本上的内容。

在小约翰3岁那年，奇迹出现了。有一天麦克斯突然发现儿子能一字不差地背出账本上的所有数字来。麦克斯被儿子的举动惊呆了，他激动不已，把账本翻过几页，让儿子识记，儿子看了一遍之后，居然又能一字不差地背出这一页的全部数字。父亲欣喜若狂，全家都非常高兴，麦克斯认识到小约翰有着超常的智力，将来一定能有所成就，诺伊曼家族的银行事业一定能够在小约翰的手上发扬光大，麦克斯决心不惜一切代价培养小约翰，使小约翰成为天才。

麦克斯为了让儿子受到最好的教育，决定不让他上学校，而要不惜花费重金聘请国内第一流的教师到家里给他上课。

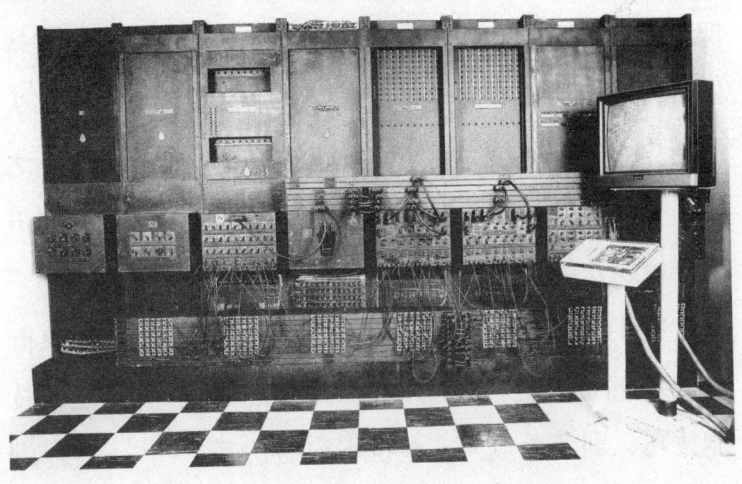

→原始计算机

科学家卷　003

←布达佩斯

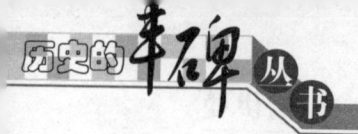

　　小约翰非凡的学习能力使每一位家庭教师都惊诧不已。他长到五六岁时，心算已达到了惊人的程度，能心算8位数除8位数的复杂算题，他的记忆力简直像照相机，过目不忘。只要看几眼电话号码本，就能把上面的人名、地址、电话号码全数背出来，凡是应该学的课程，只要有书本，不等老师教，他就能学会。他还特别喜爱阅读历史和文学作品，父亲书房里几十本大部头的历史书籍，他读完后牢牢熟记在心里，以至几十年之后，他还能背诵童年时代读过的法国女英雄贞德受审讯的详情以及美国南北战争中所有的细枝末节。

　　特别令人惊叹的还是他的数学才能。他对抽象概念的理解力、进行逻辑推理的能力以及解决问题的技能技巧，即使是成人有些也不容易达到。

相关链接

世界上第一个计算机培训班

1941年夏,莫奇利到宾州大学莫尔学院参加工程科学管理及国防训练培训班(Engineering's Emergency Science and Management Defense Training Course),学习电子学课程。在这里他结识了埃克特并成为志同道合的密友。莫奇利还意识到在莫尔学院实现其理想的机会和条件远比在厄西纳斯学院大,因此很快就调入莫尔学院。需要指出的是,在研制ENIAC的过程中,莫奇利虽然因为有教学任务而不能全力以赴,但他只要有空就在这个代号为PX的项目组中做事,与大家一起工作,常常夜以继日,连续作战,是一个出名的"工作狂"。因为他平易近人,是个"长者"(当时他30多岁,在研制组中年纪最大),又是个具有博士头衔和"高级职称"的人(他被莫尔学院聘为"副教授"),因此受到普遍的尊重。

莫奇利此外,即使他们因在专利权问题上与学院发生分歧而于1946年3月辞职离开了莫尔学院，但当年夏天，他们仍主持了莫尔学院开办的题为"电子数字计算机设计的理论与技术"的为期6周的培训班(Theory and Techniques for Design of Electronic Computers)，这是世界上第一个计算机培训班，英国剑桥大学的威尔克斯(M. V. Wilkes)就是这个培训班的学员，他回去以后设计与开发出了EDSAC计算机，成为计算机先驱奖与图灵奖的双重得主。另一位计算机先驱奖得主阿历克山大也是因为参加了这个培训班而走上计算机之路的。这个培训班后来常常被称为"Moore School Lectures"，是早期计算机发展史上的一件大事。

1976年的苹果电脑Apple-1

电子计算机之父　冯·诺伊曼

请不到家庭教师的少年

你不能奢望同时是伟大的而又是舒适的。
——巴里

1913年夏天，在匈牙利首都布达佩斯城里，人们争相传说着一件新鲜事。刚从奥地利皇帝约瑟夫一世那里获得贵族称号的犹太银行家麦克斯先生，在报上登出了一则启事，愿意以比一般家庭教师高出10倍的聘金，为长子约翰·冯·诺伊曼聘请一位称职的家庭教师。

奇怪的是，尽管这则诱人的启事成了全城街谈巷议的话题，怦然心动、跃跃欲试者似乎也

→布达佩斯

科学家卷　007

← 布达佩斯

大有人在，但十几天过去了，竟然没有一个人敢上门应聘，怎么回事呢？

原来，这位银行家的长子，10岁的约翰·冯·诺伊曼是布达佩斯人人皆知的"神童"，他比他父亲偌大的家产更闻名于全城。他不同寻常的智力，惊人的记忆力、理解力、心算能力以及语言表达能力尽人皆知。

一个月过去了，依然没有人应聘。麦克斯失望了。为了不耽误儿子的成长，秋天，他第一次把儿子送进一所正规学校去念书。

1913年初冬季节的一天傍晚，麦克斯的办公室突然进来一位30岁左右的客人。那人告诉麦克斯说，他是约翰·冯·诺伊曼正在上学的那所学校的数学教师，名叫瑞兹。

"您的儿子数学才能过人，假如不另外给他深造的机会，将会白白浪费他的天才。"瑞兹诚恳地告诉麦克斯，他说他的数学水平已经远远不能满足约翰·冯·诺伊曼的需要了，最好还是请一位大学教授对他进行辅导。听到瑞兹对儿子的赞扬，麦克斯喜忧参半。麦克斯告诉瑞兹说，他一直想用高薪聘请最好的老师来教育他的儿子，可是，由于约翰·冯·诺伊曼的能力异乎寻常，最后以高出一般家庭教师10倍的聘金还是没能请到合适的家庭教师，所以只好把小约翰送进现在这所他认为是最好的学校里。瑞兹听到这里，就向

←布达佩斯

麦克斯推荐自己的老同学："我的老同学、布达佩斯大学的助教、青年数学家菲克特也许愿意帮助您。"瑞兹的热情和责任心，使麦克斯非常感动。这以后，约翰·冯·诺伊曼一面继续按部就班上学，一面由菲克特进行家庭辅导，加强数学方面的深造和补充，他学习了各种数学问题。

没过几年，这位中学生又创造了奇迹，他的数学水平竟然赶上了教他的菲克特，菲克特的数学造诣已经远远不能满足他的需要了。当菲克特一直局限在古典分析这个狭窄领域里踯躅不前时，约翰·冯·诺伊曼却已深入到最新的数学学科——集合论、测度论、泛函分析等20世纪数学的新分支中去了。

电子计算机之父　冯·诺伊曼

中学毕业前夕,他同菲克特合作,对布达佩斯大学教授费耶尔的一个分析定理加以推广,写出了他一生中头一篇论文。那时,他还不到17岁,这篇文章1922年发表。这以后他又连续发表了多篇集合论和代数方面的文章,从这些文章的选材和证明手法的简洁中,已显露出他在代数技巧和集合论方面的天才。

1921年,通过"成熟"考试时,他已经被认为是一个专门的数学家了。在中学毕业前,他除了在数学方面有突飞猛进发展的同时,在充裕的课余时间里,可能是受父亲和家庭的影响,也可能是出于对时局的关心,他还阅读了大量历史和文学著作。这一段时间,世界与匈牙利的局势有了较大的变动。当他上学时,

→ 布达佩斯

科学家卷　011

第一次世界大战爆发了，这次大战虽然并没有给这位10余岁的少年留下多少印迹，但却使匈牙利的国内矛盾空前激化。1918年，一战结束了，奥匈帝国也走向了它的末日。战后，匈牙利丧失了原有领土的2/3，国家一片破败。各被压迫民族的独立斗争风起云涌，革命形势日益成熟，在俄国"十月革命"的激励之下，1918年10月爆发了以工人、士兵为主体的资产阶级民主革命，迫使国王退位，废除了君主制度。11月16日，以卡罗利为总理的资产阶级政府宣布匈牙利为独立的共和国，彻底摆脱了奥匈帝国的绳索。卡罗利政府在各国企图进一步削弱匈牙利时束手无策。1919年3月21日，匈牙利共产党领导的工人武装队伍推翻了资产阶级政权，政权再度更迭。宣布实行企业、银行和土地国有化。在这场革命的风暴之中，作为银行家的麦克斯只好带领全家逃到了国外，银行也被国有化了。直到5个月之后，在帝国主

← 计算机之父

电子计算机之父　冯·诺伊曼

义的武装干涉之下，重新建立了大资产阶级的独裁政府，冯·诺伊曼才随父母又重新回到了布达佩斯，继续以前的学习。但是经过这场风雨之后，麦克斯的家产已经损失了一大半。麦克斯不得不在以后的政局动荡之中，苦苦支撑着自己的产业，经济每况愈下。

→布达佩斯教堂

相关链接
XIANGGUAN LIANJIE

ENIAC的产生

第二次世界大战中，美国宾夕法尼亚大学莫尔学院电工系同阿伯丁弹道研究实验室共同负责为陆军每天提供六张火力表，这项任务非常困难和紧迫，因为每张表都要计算几百条弹道，而一个熟练的计算员（computer的原意就是计算员或从事计算工作的人）计算一条飞行时间60秒的弹道要花费20个小时，用大型的微分分析仪也需要15分钟。从战争一开始，阿伯丁实验室就不断地对微分分析仪做技术上的改进，同时聘用了200多名计算员。即使这样，一张火力表也往往要计算两三个月，问题相当严重。

当时，负责阿伯丁实验室同莫尔电工小组联系的军方代表是年轻的赫尔曼·戈尔斯坦（Herman H. Goldstine）中尉，他原来是个数学家。他的朋友约翰·莫奇利（John Mauchly）这时正好在莫尔学院电工系任职。莫奇利在1941年曾访问过美国艾奥瓦州大学数学物理学教授约翰·阿塔

电子计算机之父 冯·诺伊曼

纳索夫（John Atanasoff），并看过他的关于电子计算机设计的笔记。阿塔纳索夫和他的研究生贝利（Clifford Berry）一起研制了一台称为ABC（Atanasoff Berry Computer）的电子计算机，由于经费的限制，他们只研制了一个能够求解包含30个未知数的线性代数方程组的样机，在阿塔纳索夫的设计方案中，第一次提出采用电子技术来提高计算机的运算速度。1942年8月，莫奇利写了一份题为《高速电子管计算装置的使用》的备忘录，它实际上成为第一台电子计算机ENIAC的初始方案。

莫奇利多次向戈尔斯坦介绍自己关于电子计算机的设想，思维敏捷的戈尔斯坦立即意识到这一设想对解决计算火力表的困难的巨大价值。戈尔斯坦马上向上级做了汇报，并且立即得到了回应。美国军械部要求莫尔学院草拟一份为阿伯丁弹道实验室制造一台电子数字计算机的发展计划。1943年4月2日，莫尔学院在莫奇利的《高速电子管计算装置的使用》备忘录的基础上提出了一份这样的报告。事情进展极为迅速，报告提出一周后，也就是1943年4月9日，这一天是决定第一台电子计算机命运的一天。弹道实验室在听取了戈尔斯坦中尉的简短说明后，决定支持这个项目，6月5日，莫尔学院和军械部签订了合同，制造第一台电子计算机的工作正式开始了。在工作开始以前的最后一次会议上，这台机器被命名为 ENIAC（Electronic Numerical Integrator and Computer，电子数字积分和计算机）。

承担研制ENIAC的莫尔小组是一个由志同道合的青年科技工作者组成的朝气蓬勃的团队。当莫奇利的《高速电子管计算装置的使用》备忘录在一些同事中传阅时，特别引起了23岁的研究生普雷斯帕·埃克特（Presper Eckert）的浓厚兴趣，成为ENIAC的总工程师，负责解决制造中出现的一系列困难复杂的工程技术问题。莫奇利是位30多岁的物理学家，他提出了电子计算机的总体设想。年轻的戈尔斯坦中尉不仅能在数学上提出有益的建议，而且是精干的科研组织人才。这样，有了合适的时机和成熟的条件，又有科学技术人员的科学胆略与创造才能，在美国军方的远见卓识与全力支持下，1945年底，这台标志人类计算工具历史性变革的巨型机器宣告竣工，正式的揭幕典礼于1946年2月15日举行。

电子计算机之父 冯·诺伊曼

高级程序设计语言 Short Code 的发明者

莫奇利发明了世界上第一台电子计算机 ENIAC，这是人所共知的。但是恐怕很少有人知道，莫奇利也是世界上第一个在计算机上加以实现的高级程序设计语言 Short Code 的发明者。据程序设计大师克努特 (D. E. Knuth) 在 "The Eady Development Of Programming Language" 一文 (见 A History of Computing in the 20th Century) 中介绍，Short Code 是莫奇利早在 1949 年发明的 (比 FORTRAN 问世早整整 8 年)，由史密特在 BINAC 上首先实现。1950 年，史密特在托尼克 (Albert B.Tonik) 的协助下又在 UNIVAC 上加以实现。1952 年初，洛甘对它进行了改进。这是一个代数式语言，用它编写解数学方程的程序非常简单。据洛甘介绍，用 Short Code 编程时，与用机器语言编程相比，效率至少提高 50 倍。由于当时计算机的用户还十分少 (计算机本身就非常少)，莫奇利关注的重点也不在这方面，因此 Short Code 未能进一步发展与完善。但克努特认为，Short Code 在程序设计语言发展的历史上仍具有十分重要的意义。

求学欧洲

> 离开了人才荟萃的中心,呼吸不到思想活跃的空气,不接触日新月异的潮流,我们的知识会陈腐,趣味会像死水一般变质。
> ——巴尔扎克

1921年,在匈牙利政局动荡中,冯·诺伊曼中学毕业了。在选择大学志愿时,一心想把儿子培养成天才的父亲却和儿子发生了激烈的争执。冯·诺伊曼酷爱数学,并且师从布达佩斯大学著名数学家,而且已经在数学方面有了早期的不同寻常的成就了,因此他要进入这所他早已熟悉的大学,毕业后做一位数学家。对他来说,这应该是天经地义的选择,可是父亲迫于每况愈下的家庭经济状况,为以后的生活着想,认为他应该有一个较好的职业,特别是以儿子的聪明才能,学化学或者工程技术,以后争取一个工程师的职位应该是不困难的。麦克斯渴望儿子有较高的薪金,减少这个家庭的负担,重振麦克斯家族。然而,儿子并不

电子计算机之父　**冯·诺伊曼**

←柏林大学

在乎数学家过低的收入和可能贫寒的生活。

在激烈的争执之后,双方都做出了让步。冯·诺伊曼不得不屈从于父亲的意志,为争得一个工程师的职位攻读化学,当然还得有一个条件,最后做父亲的也不得不同意了让冯·诺伊曼去德国、瑞士等地的欧洲名牌大学听课。

当时,世界的科学研究中心是德国,因此冯·诺伊曼感到匈牙利并非久留之地,只有德国、瑞士才是真正的科学乐园。此后4年间,他在布达佩斯注册为数学专业的学生,同时在德国的柏林大学和瑞士的苏黎世联邦工业大学学习化学。

他在布达佩斯大学仅仅注册成一个数学专业的学生,在每学期末回到布达佩斯大学通过他的课程考试,

科学家卷　019

而不参加听课,这样做多少有点不合规则。在这4年中,他浪迹欧洲各地,在著名的大学以及一些一流的科学家那里听课,接受严格的教育和训练。

　　头两年,他主要在柏林大学学习,他听过大科学家爱因斯坦的统计物理学课。这位相对论的创立者,世界著名的大科学家,以其理论的恢宏博大,理性的思维和目光,幽默诙谐的谈吐征服了冯·诺伊曼。受他的影响,后来冯·诺伊曼在普林斯顿发表了统计物理学方面的系列论文,在遍历理论等方面做出了贡献。当然,后来他们两人在普林斯顿做了多年的同事。

　　后两年,冯·诺伊曼主要在瑞士的苏黎世联邦工业大学上课,进修化学学位。在这段时间里,他利用空余时间研究数学、写文章并和数学家们通信。当时世界著

← 爱因斯坦

名数学家魏依尔和波尔雅在这里,他和他们有着密切的交往。魏依尔这位天才的数学家在抽象代数的集合论方面有着惊人的造诣。后来,冯·诺伊曼承认对他早期的学术影响最大的数学家中就有海曼·魏依尔。后来,许多人在感受到冯·诺伊曼在探索应用时表现出来的坚韧不拔和对所有精密科学的直觉力时都想起了欧拉·庞加华和海曼·魏依尔这些著名的天才数学家。可以说,他和魏依尔两人惺惺相惜,魏依尔也被这位年轻人的天才所折服。有一次魏依尔短期离开苏黎世曾让冯·诺伊曼接替他教的课程。冯·诺伊曼在欧洲到处游历,四处拜访一些最著名的教授,与一些最著名的数学家交往。当时世界数学的中心是德国的哥廷根大学,它是20世纪数学巨人大卫·希尔伯特居住的地方。冯·诺伊曼不时到哥廷根去拜访这位前辈。

→ 数学家大卫·希尔伯特

1862年1月23日,大卫·希尔伯特出生于哥尼斯堡,是本世纪最著名的数学家,希尔伯特的建树遍及数学各个分支,在物理学方面也有很高的造诣。在本世纪的头一年,即1900

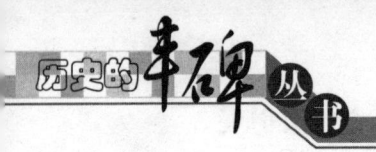

年，他在巴黎数学家代表会上做了一篇名叫《数学问题》的讲演，提出了著名的希尔伯特23个问题。这23个问题既是对19世纪世界数学发展的总结，同时又开辟了20世纪数学发展的新方向，对以后数学的发展产生了深刻的影响。以后许多数学家都倾注了毕生精力来解决这23个问题。冯·诺伊曼在以后也曾研究并解决了希尔伯特第五问题。

←哥廷根大学校徽

在希尔伯特家的花园或书房里，常常可以看这一对年龄相差40多岁的数学家在一起长时间地热烈交谈。希尔伯特不仅是伟大的学者，而且也是一位伟大的导师，他常常让他的许多学生和助手参与他的工作及其发展，从而教会他们数学研究的技艺，在他的周围常常聚集着许多最有才华的年轻人，这些都大大影响了聪明好学的冯·诺伊曼。后来他也曾在量子力学这个新兴学科开创的黄金时期，来到了希尔伯特身边当助手。

1925年，冯·诺伊曼获得了瑞士苏黎世联邦工业

电子计算机之父　冯·诺伊曼

大学化学工程师的文凭，与此同时也获得了布达佩斯大学的数学博士学位，博士论文是关于现代科学的一个分支——集合论的课题。经过4年在欧洲的四处游历、求学，这时他已经同时在物理和数学方面有了相当水平的造诣。小有名气的他在1926年获得了洛克菲勒基金会的奖励。

1927—1929年间，冯·诺伊曼在德国的柏林和汉堡当了几年的无薪讲师，其报酬直接来自学生的学费。由于物理学的飞速发展和一些著名物理学家的影响，冯·诺伊曼的兴趣转到了新的物理学概念。就在量子力学这门新兴物理学科开创的黄金时期，冯·诺伊曼再一次来到了哥廷根，在希尔伯特身边当助手。在希尔伯特

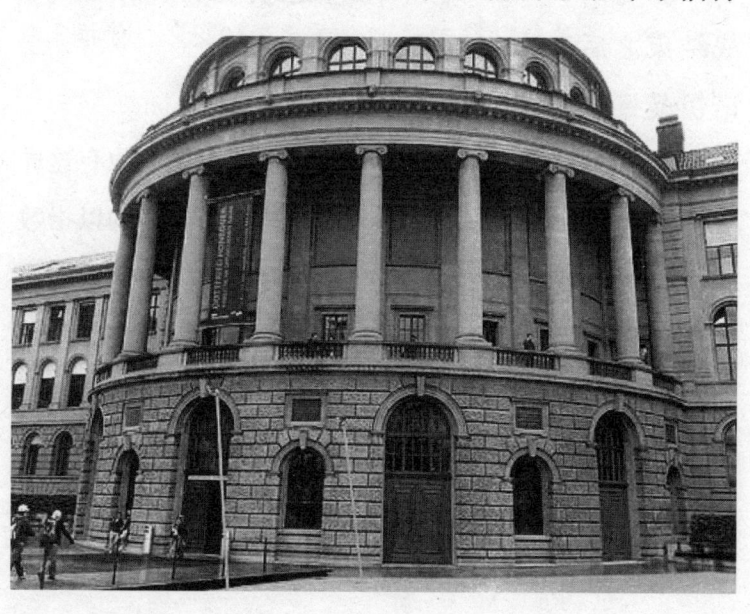

→苏黎世联邦工业大学

这位伟大的导师指导下，冯·诺伊曼直接参与到希尔伯特的工作之中，在量子理论的数学基础和各态历经定理方面做出了重要贡献。冯·诺伊曼后来也承认这些工作是他所做出的最重要的贡献的一部分。

第一次世界大战结束之后，冯·诺伊曼逐步离开了抽象代数的研究。

洛克菲勒基金 美国的约翰·D.洛克菲勒设立的基金会组织。创立于1913年，创办资金是1亿美元，后来再加上老洛克菲勒新的捐赠，到1951年资金达到3亿多美元，2000年超过33亿美元。1928年，劳拉·斯佩尔曼基金会与之合并。

面对物理科学的飞速发展，他有这样一种担心，即数学可能跟不上物理科学中出现的以指数增长的问题和思想的发展。他说这有些像马尔萨斯人口理论的脱节，物理科学和技术以几何级数增长、发展，而数学的发展只以算术级数增长。因此他从事量子理论研究的主要愿望以及最强的工作动力之一，也许是在理论物理概念水准上协助重新建立数学的作用。冯·诺伊曼不仅替量子力学建立了数学表达，还完成了连许多优

电子计算机之父　**冯·诺伊曼**

→奥地利物理学家薛定谔雕像

秀的物理学家都无法做到的事。他给这种物理理论赋予了新的合理表示方法，虽然没有引进新奇的有物理含义的概念，但他表明这些年里由薛定谔、海森堡、狄拉克及其他人，没有想到量子理论对于已发现的原因不明的物理现象来说，仅仅是一个未完成的理论框架，冯·诺伊曼的论述至少为严格的处理提供了一种逻辑和数学上清晰的基础。

正是由于这些成就，使年轻的冯·诺伊曼在当时物理领域中占据了突出的历史地位。1927年，他到波兰黑沃夫出席数学家会议，那时他在数学基础和集合论方面的工作已经很有名气了。他是作为一个年轻天才的形象出现在许多人面前的。

相关链接
XIANGGUAN LIANJIE

冯·诺伊曼计算机体系结构的提出

1944年的一个夏天,美国弹道试验场所在地阿伯丁火车站,ENIAC设计组的戈尔斯坦发现普林斯顿大学数学教授冯·诺伊曼在等车,戈尔斯坦以前听过冯·诺伊曼教授的几次演讲,但无缘直接交谈。机会难得,戈尔斯坦主动上前自我介绍,当戈尔斯坦谈到正在研制电子计算机时,热情开朗、平易近人的数学大师神情顿时严肃起来,连连追问。据戈尔斯坦回忆,此后的谈话好像在通过博士论文答辩。显然,ENIAC深深打动了具有敏锐科学洞察力的冯·诺伊曼教授。几天以后,他就专程到莫尔学院参观还未完成的ENIAC,并参加了未改进ENIAC而举行的一系列专家会议。这次车站的偶然相遇,对计算机的发展具有决定性的作用,既奠定了现代计算机的基础,也使冯·诺伊曼成为计算机发展史上一颗耀眼的明星。

当冯·诺伊曼从戈尔斯坦那里听说他们正在研制电子计算机的时候,他正在参加第一颗原子弹的研

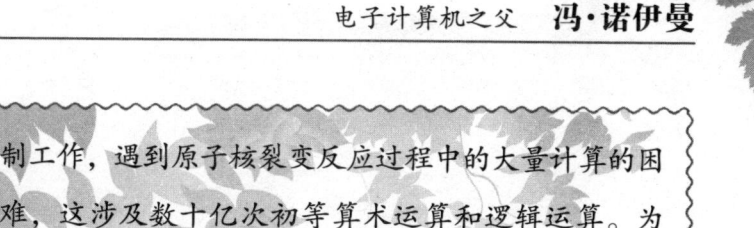

制工作，遇到原子核裂变反应过程中的大量计算的困难，这涉及数十亿次初等算术运算和逻辑运算。为此，曾有成百名计算员一天到晚用台式计算器演算，还是不能满足需要。于是，他马上意识到戈尔斯坦他们工作的深远意义，决定参与到这一工作中。

从1944年8月到1945年6月，在莫尔学院定期举行学术会议，提出各种研究报告。1945年6月30日，莫尔学院发表了冯·诺伊曼总结的EDVAC（离散变量自动电子计算机）方案，确立了现代计算机的基本结构，提出计算机应具有五个基本组成成分：运算器、控制器、存储器、输入设备和输出设备，描述了这五大部分的功能和相互关系，并提出"采用二进制"和"存储程序"这两个重要的基本思想。迄今为止，大部分计算机仍基本上遵循冯·诺伊曼结构。

需要说明的是，现代存储程序计算机的发明绝不是数学家、逻辑学家或电子工程师所能单独完成的事业，EDVAC方案是集体智慧的结晶，冯·诺伊曼的伟大功绩在于运用他非凡的分析、综合能力以及雄厚的数理基础知识，在EDVAC方案的总体配置和逻辑设计中起了关键的作用。

普林斯顿的"数学明星"

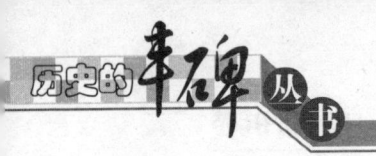

> 离开了人才荟萃的中心,呼吸不到思想活跃的空气,不接触日新月异的潮流,我们的知识会陈腐,趣味会像死水一般变质。
> ——巴尔扎克

1930年,一份大红烫金的聘书飞渡大西洋,来到了德国汉堡大学的讲师冯·诺伊曼的书桌上。这时,青年数学家的心却在重重矛盾之中。

他正沉浸在3个月前父亲突然去世的巨大悲痛之

←汉堡大学

中。麦克斯作为这个家庭的支柱，从1920年起，一直苦苦支撑着家中经济状况每况愈下的局面，终于挡不住经济危机的狂潮。在临终前，奄奄一息的麦克斯攥着爱子的手，断断续续地说："……约翰，回来吧，继承我的事业，……我的银行……以你聪明的才智，诺伊曼家族还会是……布达佩斯的富豪……"他对儿子充满期望地看了最后一眼，终于合上了眼皮。父亲的殷殷目光，让人十分感动，父亲这20几年来对自己的关心和爱护让他心痛，但冯·诺伊曼以一个数学家的理智认识到要放弃自己深深喜爱并做出了突出贡献的数学，实在是太困难了。于是他很快返回到汉堡大学。但母亲和弟弟不时催促他回家接管银行，再说，他与未婚妻玛丽达·柯维斯已相恋多年，冯·诺伊曼已经26岁了，母亲催他和未婚妻完婚的信也来了。冯·诺伊曼陷入了矛盾和徨之中。

聘书中热情洋溢的话语还是让他非常感动。原来这时美国洛克

→年轻时的冯·诺伊曼

菲勒基金会正在用钱广罗欧洲名流,这份聘书就是美国数学家维布仑盛情邀请冯·诺伊曼去普林斯顿大学讲"量子理论课"的。对方可提供1 000美元的路费以及每学期3 000美元的高额薪金。维布仑在信中还说,如果冯·诺伊曼愿意在美国定居,不仅还能增加薪金,而且一年后,普林斯顿大学将提升他为教授。美国同行的慷慨和热情,深深打动了冯·诺伊曼。

当然他同时也考虑美国是个"机会的国土",以他对于世界事务和日常生活深邃的洞察力,他觉得去美国前途一定比留在欧洲好。欧洲人才济济,集中了世界第一流的大科学家,而名牌大学的教授职位却寥寥无几。尽管冯·诺伊曼的成就足以使他出人头地,但在那样的环境中递补教授的职位,不知还要等多少年!

←普林斯顿大学

电子计算机之父　冯·诺伊曼

→普林斯顿大学校徽

他以后也曾对同事说起当时的情景，德国大学存在的可以期待的空缺非常少，但却有40—60名讲师指望在不久的将来得到教授的职位，按照他典型的理性思维方法，冯·诺伊曼算出了年内可以得到教授的任命数是3，而讲师则有40名之多。

也许是对历史的热衷与偏爱，他对历史具有深刻的洞察力。从1929年席卷全国的经济大萧条中，他隐隐预感到局势的动荡。特别是各国的法西斯专政政权相继上台，而自己的祖国匈牙利早就在霍尔蒂法西斯

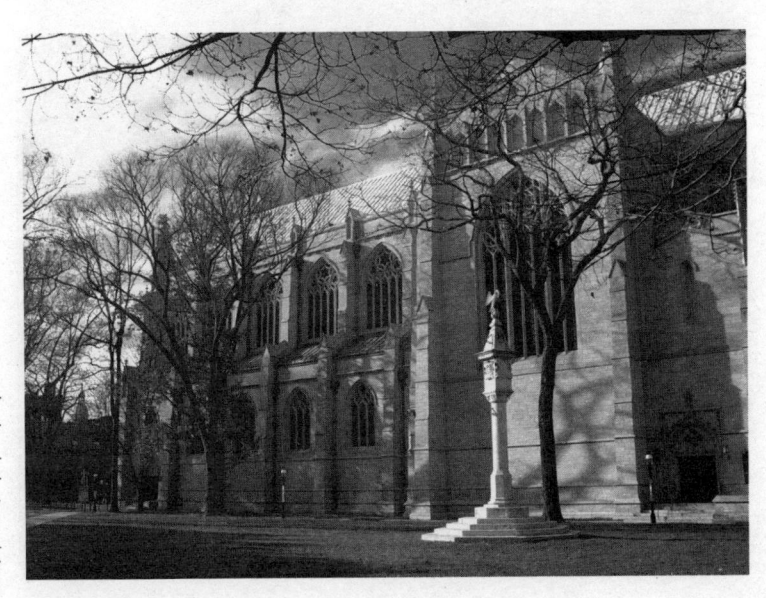

→普林斯顿大学

科学家卷　031

的独裁之下，以后的事实完全证实了他的这种预感，许多一流的科学家包括爱因斯坦，最后都不得不离开自己的祖国。

当然，真的要离开时，他又对欧洲的学术环境非常留连。因为这里有他的祖国，有他的兄弟和家人，并且这里还有那么多心心相印的朋友和知己、那么多自己的老师，这里暂时还是世界科学的中心，有着如此优越的学术环境。

经过几天认真的思考之后，冯·诺伊曼给维布仑写了一封回信，正式接受了普林斯顿大学的邀请。在这人生的关键时刻，冯·诺伊曼离开了20年代世界数学和物理中心的德国，来到了即将诞生的新的世界科

←普林斯顿大学

电子计算机之父　冯·诺伊曼

→普林斯顿大学

学中心——美国的普林斯顿。到了美国之后，他对这里提供的各种机会表示赞赏，对这个国家的科学工作的未来也寄予了极高的期望。1930年，年仅27岁的冯·诺伊曼在当了一个学期普林斯顿大学的讲师之后，即被提升为教授。1933年，因大批科学家被迫离开家乡来到美国，普林斯顿集结了一批世界科学的优秀分子，于是普林斯顿高等研究院应运而生。包括爱因斯坦在内的第一批终身教授只有6名。冯·诺伊曼是其中最年轻的一名。从此，他总算找到了最能发挥自己才能的地方。

在普林斯顿，冯·诺伊曼在学校中教课，每到夏季就回到欧洲。1930年他跟玛丽达·柯维斯结婚，1935年，他们的女儿玛丽娜在普林斯顿降生。在高等研究院成立初期，欧洲的来访者会发现一种极好的不拘礼节但是浓厚的研究风气，研究院教授的办公室设在普林斯顿大学的"优美大厦"，在研究所和这个大学的各系都有一批名望很高的人，大概集中了有史以来最多有数学和物理头脑的人才。对许多访问这里的欧洲学者来说，冯·诺伊曼的住宅是他们经常聚会的地方。那些年，尽管经济不景气，但研究所还是设法让相当数量的本国和来访的数学家过上很愉快的生活。冯·诺伊曼的第一次婚姻以离婚告终。1938年暑假访问布达佩斯时，他和克拉拉·丹结婚并一起回到普林斯顿。他的家仍是科学家们集会的场所，他的朋友不会忘记他的家庭总是那样的殷勤好客，在他那里，人人都会感到一种聪慧的气氛。克拉拉·丹和冯·诺伊曼后来成了首批为计算机编制数学问题码的人，她为这种技术创造了一些早期的技巧。

二战之前，每到夏天，冯·诺伊曼都到欧洲度假和讲学。1935年，他去了英国剑桥大学，去了法国巴黎的亨利·庞加莱学院。他经常提到在那儿的亲身感受：由于紧张的政治空气，搞科学

← 剑桥大学校徽

研究几乎是不可能的。

从1930年到1940年这10年中，冯·诺伊曼在普林斯顿这个新的世界科学中心又开辟了许多新的研究方向。无论是在纯粹数学或是在应用数学方面，他都取得了优秀的成果，而被誉为普林斯顿的"数学明星"。

在纯粹数学方面，冯·诺伊曼的主要成就是遍历理论、拓扑群理论和算子代数理论三方面的重要成果。这些理论就是在今天看来也不太容易理解，不过还有几件小事能让人看出他的成就和宽广的胸怀。

遍历理论是统计物理学中描述分子运动状态的一种理论，当冯·诺伊曼经过深刻的研究，在1931年10月得到了遍历理论的第一个重要定理——平均遍历定

→英国剑桥大学圣约翰学院

理时，十分兴奋，就毫无保留地把自己的结果告诉了朋友以及那位朋友的老师——美国数学界的头号人物柏克霍夫，并且同他进行了讨论。这个定理同样引起了柏克霍夫的兴趣。一个月之后，柏克霍夫在冯·诺伊曼所得成果

← 诺伊曼

的基础上，将这个定理加强为几乎处处收敛的简单形式，并马上把论文送交《国家科学院院报》。由于柏克霍夫在数学界的声誉及势力，他的论文很快就发表了，冯·诺伊曼的论文反倒落在他的后面发表。为此，冯·诺伊曼很不愉快，许多人为他抱不平，但他并未计较这些，依然同柏克霍夫保持良好的关系。

拓扑群理论是著名的希尔伯特第五问题，是大卫·希尔伯特1900年提出的著名的23个问题之一。1933年，冯·诺伊曼完全地解决了这个问题。今天，算子代数已发展成为数学分析中的热门，也是量子理论中最强有力的工具之一，它之所以有今天，是与

冯·诺伊曼的开创性工作分不开的。冯·诺伊曼早在1929年就在希尔伯特指导下开始着手这项研究,在这方面,冯·诺伊曼曾有相关的专著——《量子力学的数学基础》及《函数算子》等。他是这门现代数学新分支的创始人,在他逝世之后,这门理论就被称为"冯·诺伊曼代数"。

除这些最主要的贡献之外,冯·诺伊曼在纯粹数学研究方面的工作非常广泛,差不多现代数学的各个领域都有他的开创性工作。20世纪的数学,门类繁多,内容复杂,冯·诺伊曼涉猎了数学科学的众多领域。这并非不安分的结果,他既不是为了猎奇,也不是想把一种一般性的方法用于形形色色的专门情形中去。数学和理论物理不同,它不能被限制在少数中心问题

→普林斯顿大学

上。冯·诺伊曼认为，假如在一个纯形式的基础上去寻找统一性，那是注定要失败的。数学中这样多珍奇的门类，有某些数学之外的推动作基础，并且强烈地受到来自物理现象世界的影响。在一篇文章里，冯·诺伊曼对这样的事实感慨不已——在今天，谁要想掌握纯数学领域中 1/3 以上的知识，看来都是不可能的了。

正由于这些成就的取得，使他很快当选为美国国家科学院院士，从此跻身于美国国内为数不多的大科学家行列。

电子计算机之父 冯·诺伊曼

相关链接
XIANGGUAN LIANJIE

电子表格软件的产生

1978年,哈佛大学的研究生丹·布里克林(Daniel Bricklin)在一个有关合作经济计划的课堂练习上需要反复计算行列式中的数字,于是他想能否设计出一个程序,这个程序能自动地反复计算这些行列式。在鲍勃·佛兰克斯顿(Bob Franksten,Bricklin 与 Franksten 都曾经在 MIT 的计算机科学实验室工作过)的帮助下,他设计出第一个计算机表格程序 Visi Calc。于是,一场软件革命席卷了个人计算机市场。在此之前,个人计算机主要是模仿大型计算机,而 Visi Calc 让管理者感觉到个人计算机的价值和市场:以往几天才能完成的经济项目、预算报表等表格工作在几分钟内就可以完成,如果对结果不满意,还可以进行快速的修改。Visi Calc 促进了第二代苹果机的诞生和个人计算机在商业中的广泛应用。

在 IBM 推出了个人计算机之后,市场上出现了许多类似于 Visi Calc 的电子表格软件。米切尔·卡普尔是一个有理想的年轻企业家,曾做过 Visi Calc

这个软件的宣传和推广工作，1981年，卡普尔也设计了一个电子表格软件。1983年，卡普尔开办了Lotus公司并推出了Lotus 1-2-3电子表格软件，这个软件比其他类似的软件更易使用，并且将图表、绘图等功能集成起来，所以很快成为IBM兼容机的标准电子表格软件。卡普尔还运用前所未有的广告手段推销此产品，并设立了一些相关的培训课程，使Lotus 1-2-3的发行获得了巨大的成功。

今天，Lotus 1-2-3在市场上已难觅踪影，它已被微软的Excel所取代。Excel原本是为Macintosh所设计的电子表格软件，后来作为Office软件包与Windows操作系统捆绑在一起。最初版本的Visi Calc程序在被Lotus公司收购后没有继续开发，1995年，IBM公司收购了Lotus公司后，开始将Lotus软件和IBM计算机捆绑销售。

相关链接

计算机犯罪的鼻祖

1760年,匈牙利发明家、工程师兼奥地利宫廷顾问沃尔夫冈·坎比林发明了一台弈棋机。这个绝妙的弈棋机战胜了国际上众多著名棋手,坎比林因此成为一个传奇人物。

一个土耳其人模样的机器人坐在一个顶部放着棋盘和棋子的大箱子的一端,机器操作人员可以打开箱子"证明"里面除了齿轮和旋转的圆柱体以外什么也没有。弈棋机每走12步,坎比林就会用一个巨大的钥匙给机器上发条。事实上,这个弈棋机完全是个骗局,真正的棋手实际上是个侏儒,他在箱子里面通过棋盘下方磁铁的移动来判断相应棋子的移动并控制弈棋机的运转。当箱子打开时,他被箱子里面的镜子挡住了。

坎比林不想把这个骗局继续下去,他认为这仅仅是一个玩笑而已,所以,在弈棋机第一次巡展结束后,他就拆掉了这台机器并想揭穿这个骗局。然而，当公众和科学界赞誉他为第一个"机器人"的发明者时，他不得不将骗局继续下去。1780年，国王约瑟夫二世命令坎比林再制造一台弈棋机在宫廷内展出，坎比林只好从命。再次制造的机器在欧洲宫廷间巡回展出，此时人们对这台机器比以往更加好奇和痴迷。

1804年，坎比林去世后，这台机器被一个剧团经理梅尔泽尔买去并巡回演出，1809年，拿破仑挑战弈棋机，当拿破仑连续走出不合常理的棋时，机器棋手掀翻了棋盘。拿破仑为他能激怒这台机器而感到高兴。

1826年，弈棋机在美国展出，引起许多人的关注。1834年，两篇文章揭露弈棋机的秘密，其中一篇文章的作者是爱得加·艾伦·坡，他的报告很有远见，阐述了关于机器人的17个观点。

1837年梅尔泽尔去世后，这台机器几经转手，最后在1854年的费城火灾中被烧毁。在这台机器被展出的70年里，一共有15名棋手担任它的"中央处理器"，他们共赢得了300场比赛中的294场。

电子计算机之父 冯·诺伊曼

转向应用数学

> 人只有献身社会，才能找出那实际上是短暂而有风险的生命意义。
> ——爱因斯坦

1939年，德军入侵波兰，第二次世界大战爆发，整个欧洲处于一片水深火热之中。虽然这场战火对美国并没有多少影响，冯·诺伊曼在普林斯顿的生活还是安乐舒适的，但他并没有忘掉危机四伏的周围世界，时刻关注着欧洲局势。因为那里是他的家乡，那里有他的兄弟和母亲，那里有他的恩师和朋友，那里的许多地方他曾是多么熟悉和向往，而今在无情的炮火之下，已经满目创伤；许多朋友和老师已经很难再继续他们的研究，不得不远走他乡。

看到这些，冯·诺伊曼十分痛心，以他对历史的喜爱和洞察力，再加上渊博的知识和数学家独特的分析思维能力，他曾向同事预言了许多导致第二次世界大战的政治事件，对战争中不少战役，他也做出过预测，而结果都是惊人地准确。他同时也充分地认识到这场战争将带来的毁灭性的灾难和后果。

冯·诺伊曼在他舒适的普林斯顿研究院再也待不下去，他感到自己对纯数学的研究实在不能再进行下去了，让他入迷的纯数学所给他的美感完全被严酷的战争驱散了。而这时候，为了战争的需要，美国军方正在大量招收科学家进行一些战时工作的研究。美国陆军阿伯丁导弹试验场向这位著名的科学家发出了邀请。怀着对世界局势和人类命运的关心，冯·诺伊曼从普林斯顿高等研究院的小天地里走了出来，出任了弹道实验室的顾问，从此转向了为战争所需、为战争服务的应用数学的研究。可以说这是他整个研究生涯的重大转折。这个弹道实验室主要是进行常规火炮的

←原子弹之父奥本海默

电子计算机之父　**冯·诺伊曼**

→爱因斯坦和奥本海默

研究工作。1943年，他又参加了曼哈顿工程，这是一项由著名物理学家爱因斯坦提出，由"原子弹之父"奥本海默组织的原子弹制造计划，这项计划成功地制造出了世界上第一颗原子弹，曾对世界格局发生过深刻的影响。

在应用数学方面，他很快地找到了自己的研究方向，为了研究军事工作中的管理与决策问题，他深入地进行了博弈学的研究。虽然早在1921年波莱尔就第一个明确提出描述二人对弈策略的数学方案，但第一个对它进行深入研究的是冯·诺伊曼。因此我们通常说冯·诺伊曼是博弈论的创立者，并且从这种理论出发对数理经济学的发展做出了贡献。

也许是出生于一个银行家家庭的缘故，冯·诺伊曼对经济问题比较感兴趣。也正因为如此，普林斯顿著名的经济学家摩根斯顿成了冯·诺伊曼在普林斯顿多年的好朋友，他们一起探讨经济形势问题，特别是二人以上的货物交换问题，垄断、市场控制和自由竞争等问题。当然，作为一个数学家，他自然希望用数学的方式来描述这些问题，正是通过企图从数学上来描述这样一些过程的讨论，才使这一理论开始形成它现在的样子。1944年，摩根斯顿和冯·诺伊曼一起发表了他们数理经济学方面的经典论著《博弈论与经济行为》。这本书不仅包含了博弈论的纯粹数学形式的阐述，还包括对于实际决策应用的详细说明。该书与某些经济理论基本问题的讨论一起，引起了对经济行为和某些社会学问题的各种不同研究。

有这样一个在普林斯顿人人传说的趣闻，说冯·诺伊曼常常因刻苦的钻研而走神。在休息时间里，由于冯·诺伊曼的注意力还沉浸在自己的课题，打牌时常常输钱。有位数学家开了个有趣的玩笑。一次，他乘冯·诺伊曼心不在焉时，赢了他

← 《博弈论与经济行为》

电子计算机之父 冯·诺伊曼

10元钱，然后用其中的5元钱买了一本冯·诺伊曼写的书《博弈论与经济行为》，又把剩下的5元钱贴在这本书的封面上，作为战胜这位博弈论创立者的标志。

另一方面，作为一个数学家，他又十分重视分析

→奥本海默和格罗夫斯重回核爆试验场

数学的应用问题。这些问题主要集中在国防事业中提出的流体力学问题上，无论飞机的设计还是爆炸问题，无论是江河的湍流还是气象预报，都离不开流体力学。

冯·诺伊曼从很早就开始对湍流现象感兴趣，早在1937年他就有相关的论文出现，虽然对江河流动中引起如漩涡等湍流现象人们见怪不惊，但要从理论上给出解释却是十分困难的，而要把这些理论在天气预报、飞机设计等方面进行应用，更是一个既有理论价值，又有实用价值的课题。关于原子弹等爆炸现象引起的冲击波反射理论的最初的系统研究也是从冯·诺伊曼开始的。1943年他发表了《冲击波理论进展报告》和《冲击波的斜反射》等文章，这项研究为曼哈顿工程做出了重要贡献。在相当长一段时间，关于地球大气运动的流体学所提出的极为困难的问题，也强烈地吸引了冯·诺伊曼，这导致了他以后对天气预报工作的极大热情。

冯·诺伊曼从纯数学的研究到应用数学的转变是

←奥本海默

电子计算机之父　　冯·诺伊曼

他研究生涯的重大转折，应用问题为他提供了更加广阔的天地，他早年对物理学的深刻了解，发挥了巨大的作用。他比一般数学家更能同物理学家进行交流，懂得那些具体的技术细节，并且能马上转化为数学问

西奥多·冯·卡门、利奥·西拉德、尤金·维格纳、约翰·冯·诺依曼、爱德华·特勒这五个人都在小时候显示出了非凡的才华，并且以各种形式被当时的匈牙利人多铭记。这幅图片就是他们的住宅。

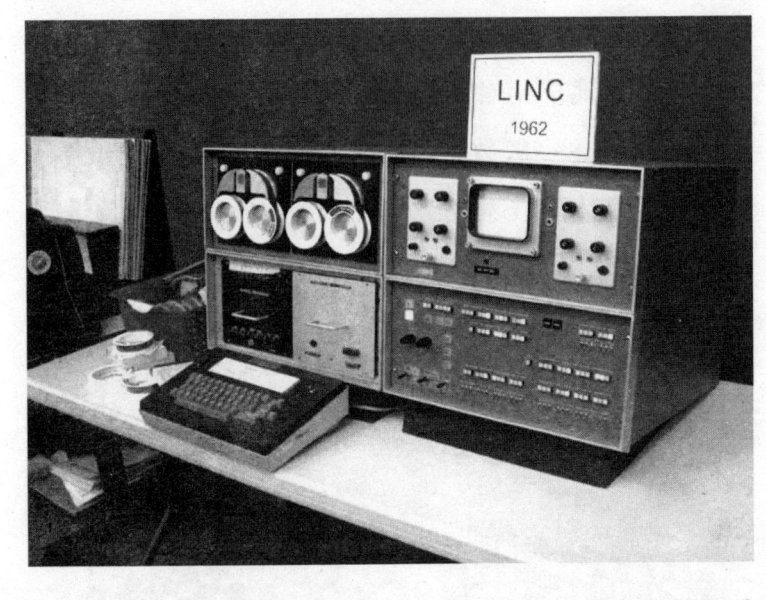

↓ LINC 计算机

题，再以他高超的计算能力加以解决。他和另一位优秀的美国数学家，控制论的创始人维纳一样，要比他们的前辈更能发挥出直接的社会作用。这固然是社会斗争的需要，但也不能不说是20世纪杰出的数学家的重要特点之一。

为什么冯·诺伊曼能取得如此众多的卓越成就？不少人以为他仅仅依靠自己的聪明和天赋。殊不知，离开了勤奋的工作和一丝不苟的态度，天才也会一事无成。这种例子在各个国家、各个时代都不少见。伟大的发明家爱迪生就说过："天才是百分之一的天赋加上百分之九十九的汗水。"化学元素周期表的创立者门捷列夫也说过："天才只意味着终生不懈的努力。"冯·诺伊曼就是一个勤奋的典范。他在家里，总是每天工作到深夜或黎明时分才搁笔，第二天一早就去研究院。工作时他分秒必争，十分吝惜时光，办起事来认真仔细，每件事都安排得井井有条，连文章校对也很细心。也正因为如此，这位年轻的科学家才能在短短的生命历程中做出如此众多的成就。

有一次他同助手哈尔姆斯合写一篇文章，两人经过商讨定下文章的内容和结构之后，决定由助手起草。初稿写成20页，交由冯·诺伊曼审阅。他看了之后很不满意，自己动手把文章砍掉一半，修改余下的部分，写成18页的第二稿。接着，他又交给助手，助手帮他删去了一些德语腔很重的英语语句，写成16页的第三稿。冯·诺伊曼读过后仍不满意，又做了一番较大的改动，直至第四稿，才算定下来。冯·诺伊曼的每一篇论文都是经过这样的仔细推敲，反复修改才定稿的。

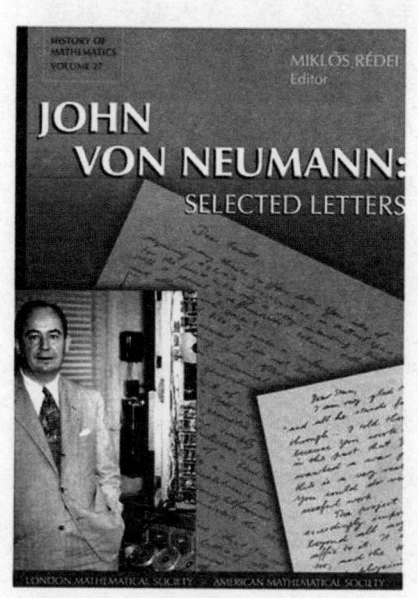

相关链接
XIANGGUAN LIANJIE

特洛伊木马的来源

特洛伊木马（简称木马）是指隐藏在正常程序中的一段具有特殊功能的程序，其隐蔽性极好，不易被察觉，是一种极为危险的网络攻击手段。

特洛伊木马这个名词来源于古希腊神话。特洛伊木马是 Trojan Horse 的中译，是借自"木马屠城记"中那只木马的名字。古希腊有大军围攻特洛伊城，由于特洛伊军队骁勇善战，希腊人一直无法打败他们，逾年无法攻下。有人献计制造一只高二丈的大木马假装作战马神，攻击数天后仍然无功，遂留下木马拔营而去。城中得到解围的消息，并得到"木马"这个奇异的战利品，全城饮酒狂欢。到午夜时分，当特洛伊人正庆祝胜利时，躲在木马中的人趁大家不注意打开城门，大批的希腊军队蜂拥而入，匿于木马中的希腊勇士开启城门及四处纵火，城外伏兵涌入，焚屠特洛伊城。后世称这只大木马为"特洛伊木马"，现今计算机术语借用其名，意思是"一经进入，后

电子计算机之父　冯·诺伊曼

患无穷"。

　　木马的发展可谓惊人，功能不断完善，行动更加隐蔽。总结原因如下：第一，添加了"后门"功能。所谓后门就是一种可以为计算机系统秘密开启访问入口的程序。一旦被安装，这些程序就能够使攻击者绕过安全程序进入系统。该功能的目的就是收集系统中的重要信息，例如，财务报告、口令及信用卡号。此外，攻击者还可以利用后门控制系统，使之成为攻击其他计算机的帮凶。由于后门是隐藏在系统背后运行的，因此很难被检测到。它们不像病毒和蠕虫那样通过消耗内存而引起注意。第二，添加了击键记录功能。从名称上就可以知道，该功能主要是记录用户所有的击键内容。一定时间后，木马会将击键记录的日志文件发送给恶意用户。恶意用户可以从中找到用户名、口令以及信用卡号。

　　特洛伊木马程序表面上是无害的，甚至对没有警戒的用户还颇有吸引力。需要提醒广大电脑使用者：它们经常隐藏在游戏或图形软件中，但它们却隐藏着恶意。与病毒不同，特洛伊木马不复制自己。一个被木马程序感染的计算机系统将会表现出不寻常的行为或运行得比平时要慢。可能会有一个或多个不寻常的任务在运行（这个症状通常可以通过使用任务管理器或相似的工具查出），或者对计算机的注册表和其他配置文件进行修改。最后，还可能有证据显示，电子邮件信件会在用户不知情的情况下被发送。

　　由于木马是一个非自我复制的恶意代码，因此它们需要依靠用户向其他人发送它们自己的拷贝。木马可以作为电子邮件附件传播，或者它们可能隐藏在用户与其他用户进行交流的文档和其他文件中。它们还可以被其他恶意代码所携带，如蠕虫。木马有时也会隐藏在从互联网上下载的捆绑的免费软件中。当用户安装这个软件时，木马就会在后台被自动秘密安装。

相关链接

Bug的来源

bug是指程序中的缺陷或错误。第二次世界大战期间，1945年9月9日下午3点，哈珀中尉领导美国海军的一个研发小组正使用Mark-II计算机来计算导弹的运行轨迹。Mark-II还不是一个完全的电子计算机，它使用了大量的继电器。第二次世界大战还没有结束，这个小组夜以继日地工作。机房是一间第一次世界大战时建造的老建筑，那是一个炎热的夏天，房间没有空调，所有窗户都敞开散热。突然，系统出现了故障，不工作了。经过艰难地查找，最后定位到第70号继电器，经过仔细观察这个出错的继电器，发现一只飞蛾躺在中间，已经被继电器打死。哈珀中尉小心地用镊子将蛾子夹出来，用透明胶布贴到"事件记录本"中，并注明"第一个发现虫子（bug）的实例"。从那以后，Bug这个名词就沿用下来，表示电脑系统或程序中隐藏的错误、缺陷或问题。与Bug相对应，人们将发现Bug并加以纠正的过程叫作Debug，意即"捉虫子"或"杀虫子"。现在，这只小虫的尸体被贴在管理日志的一页上，收藏在弗吉尼亚的一个海军博物馆里。

洛斯·阿拉莫斯的约翰尼

> 那些没有受过未知数折磨的人,不知道什么是发明的快乐。
>
> ——贝尔纳

冯·诺伊曼能到洛斯·阿拉莫斯参加曼哈顿工程绝对不是偶然的。铀吸收中子随之释放出更多中子的裂变反应,恰好发现于第二次世界大战爆发前夕。由此,一些物理学家立刻认识到产生原子能的可能性。理论物理学家们形成了一个范围很小的小组,

←冯·诺伊曼正在传授知识

电子计算机之父 **冯·诺伊曼**

一般来说，在他们之间，成果和思想的交流也更为迅速。冯·诺伊曼在量子理论基础方面的工作，使他与当时最重要的物理学家早有接触。他了解这些新的实验事实，并且从一开始就参与了他们关于裂变现象所潜藏的巨大能量可能性的探讨。战争爆发时，他在阿伯丁导弹试验场担任顾问工作。1943年底，他受奥本海默的邀请以顾问的身份访问了洛斯·阿拉莫斯实验室，并开始参加以制造原子弹为最终目的的工作。

第一次支持链式核反应的实验，是以费米为首的一组物理学家于1942年12月2日在芝加哥实现的。在洛斯·阿拉莫斯实行的计划，目的是要在少量铀内产生一种能导致爆炸性地释放巨大能量的快速反应。1943年暮春，科学家小组开始组成，到这一年秋天，许多卓越的理论和实验物理学家都在那里居住下来。当冯·诺伊曼来到洛斯·阿拉莫斯时，那里正在试验着各种不同的将裂变物质合成为临界质量的方法，但没有一种方法可以事先断定

→费米在做实验

←费米实验室

费米实验室——费米实验室,以著名的理论物理学家恩利克·费米的名字命名,建立于1967年,是美国最重要的物理学研究中心之一,位于美国伊利诺伊州巴达维亚附近的草原上。

能获得成功。

泰勒亲切地称冯·诺伊曼为约翰尼,他清楚地记得冯·诺伊曼是如何到达最靠近洛斯·阿拉莫斯的车站达拉米,又是如何乘坐一辆官方的轿车被带往那座"小山"的,当时"小山"被巨大的掩蔽物包围着。泰勒回忆说:"当他到达这儿时,协调会议正在进行之中,我们的所长奥本海默,正在报告加拿大渥太华会议的情况。他的报告提到了许多极为重要的人和同样重要的决定,其中最使我们振奋的一条消息是:可以

电子计算机之父　**冯·诺伊曼**

→洛斯·阿拉莫斯与第一颗原子弹

指望不久将有一批英国人到这里来参加我们的工作。演讲结束后，他问大家是否有什么问题或意见。听众都很激动，没人提问题。于是，奥本海默建议大家可以问一些其他方面的问题。数秒钟后，响起了一个低沉的声音（没有记录下来是谁）：'啥时候我们山上能来一个鞋匠呢？'虽然当时没有与约翰尼讨论任何科学问题，但他断言，在那时，他已充分熟悉洛斯·阿拉莫斯的性质了。"

当时的工作气氛极为热烈，并且不拘形式，与技术或工程实验室比起来，带有更多的大学讨论班的性质。刚到洛斯·阿拉莫斯时，许多人都惊奇地发现，那儿的环境好像是一群数学家在讨论他们的抽象课题，而不是工程师在实施一项很明确的实际计划，仿佛他们并不是要制造出轰动世界的原子弹。讨论常常不拘形式地进行到深夜。当然，从科学上说，这种工作的一个明显特点是所遇到问题的类型极不相同，而每一个问题对于计划的成功都同样重要，同时他们所涉及

科学家卷　059

的数学问题也是很不一样的。

在工作过程中，冯·诺伊曼所具有的在数学家中也许是颇为罕见的能力再次发挥了很大的作用。那就是与物理学家们密切往来，理解他们的语言，并及时地将其转变为数学家的表述方式。对问题做一番处理后，他又能将它变回到物理学家们常用的形式。对于复杂的核爆炸的特征的计算涉及能量的蓄存率，材料的热力学性质以及在极高温度下所产生的辐射等等。

←费米实验室

电子计算机之父　**冯·诺伊曼**

→费米实验室

刚开始时，反应满足于近似计算，但计算太复杂了，没有精确的计算，即使数量级也不容易估计。战争结束后，节省燃料和提高其利用率的要求，产生了对于更精确的计算的需要。冯·诺伊曼再次在物理问题的数学处理方面做出了很大的贡献。

还是在战争期间，热核反应的可能性即已被研究。最初只是做一些讨论，接着进行了初步的计算。作为一个富于想象的小组成员，冯·诺伊曼积极参加了这一活动，这个小组探讨可能实现这样大规模反应的各种方案。在数学上，处理实现这种反应所必需的条件，研究反应过程中所涉及的问题，比裂变核爆炸过程中所遇到的问题更复杂。在一次讨论中，他

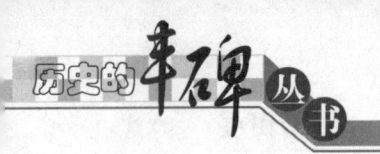

们对这样一种计算过程做了大致的设想。讨论结束以后，冯·诺伊曼转身向他的助手说道："在实现这一计算时，我们要做的初等算术运算，也许比人类以往所做过的总数还要多。"

冯·诺伊曼不用笔和纸就能熟练地估计几何形状大小，进行代数和数值运算。他的这种心算能力，有点类似于蒙眼下棋的本领，常常给物理学家们留下深刻的印象。他给助手的印象就像是，冯·诺伊曼并没有去摹想所研究的物理对象，而是把它们的性质当作基本物理假设的逻辑推论来加以研究，他能够非常出色地对这些假设使用演绎技巧。

他的科学秉性的一个极大的特点是：即使对于在科学上，有时并不重要，但却表现出一个难题的组合

← 费米实验室

电子计算机之父　**冯·诺伊曼**

↑1976年的苹果电脑Apple—1

性的问题，他也极愿给予关注。这一特点使他博得了那些从事数学应用的人们的喜爱与欢迎，许多同他交谈的人都会受到积极的帮助。在时间上，他提出了尖锐的要求，这些帮助涉及或许过于分散并且肯定是太多的活动，这里，数学的洞察力可能很有用。在第二次世界大战结束以后的岁月里，他发现差不多每分钟都会有互相冲突的问题摆在面前需要他解决。

冯·诺伊曼坚信，由于原子能的释放而发生的技术革命，与以往历史上任何技术发现相比，将会引起人类社会，特别是科学发展的更加深刻的变化。在很难得的关于他自己的幸运猜测的一次交谈中，冯·诺伊曼告诉同事说，当他还很年轻时，他就相信，在他所生活的时代，原子能就会获得利用并将改变人类活动的秩序。

科学家卷　063

冯·诺伊曼积极参与了关于受控热核反应的可能性的早期设想和研讨。1954年10月，冯·诺伊曼多年的老朋友，原子能委员会主席，海军上将斯特劳斯，在委员会成员发生空缺时，立即建议总统提名让他出任了原子能委员会委员。他在此任职时间虽然很短，但却起到了积极的有成效的作用。斯特劳斯说：

"从他被任命到1955年深秋，他干得很漂亮，他有一种使人望尘莫及的能力，最困难的问题在他手中，都会被分成一件一件看起来全是十分简单的事情，而我们所有人都奇怪为什么自己不能像他一样清楚地看透问题的答案。用这种方法，他大大促进了原子能委员会的工作。"

他研究了与裂变反应堆的建立和运行有关的技术、经济问题。在这个职位上，他还花掉了许多时间去组织数字计算机和计算方法的研究，以使它们能为大学和其他研究中心所利用。

相关链接

二进制的起源

二进制是德国数学家莱布尼茨在18世纪发明的。有趣的是,他的发明是受中国古代文明启迪的成果,他坚持认为最早的二进制表示起源于中国的八卦。中国古代就有天地分阴阳、一年分四季、四季分八卦之说,可以说,二进制的思想起源于中国。

莱布尼茨在《至德雷蒙先生的信:论中国哲学》中说:"中国是一个大国,它在版图上不次于文明的欧洲,并且在人数上和国家治理上远胜于欧洲,在中国,在某种意义上有一个极令人赞佩的道德,再加上一年哲学学说,或者一个自然神论,因其古老而受到尊敬。这种哲学学说或自然神论是从3 000年以前建立的,并富有权威性,远在希腊人的哲学之前……"莱布尼茨经常和法国传教士鲍维通讯联系,鲍维曾在中国清朝的康熙皇帝身边工作。莱布尼茨从鲍维那里知道了中国的八卦,莱布尼茨细心地研究了八卦,并写了有关八卦的论文，他还用二进制的方法对八卦的构成进行了描述。他认为，世界上最早二进制就是中国的八卦，他甚至还把自己的计算机复制品送给了康熙皇帝，希望能增加东西方科学文化交流。

中国的《易经》以爻、卦来表示天地和万物，其中爻是最基本的元素，爻分阴爻（用"--"表示）和阳爻（用"—"表示）两种，阴爻和阳爻的不同排列就是卦象，一个卦象称为一卦，一卦由六爻组成，一卦就是一个整体，世界万物中最基本的要素有8种，分别是天、地、雷、风、水、火、山和泽，他们分别用八卦表示，即乾、坤、震、坎、离、艮、兑，八卦互相搭配又得六十四卦，用来表示各种自然现象和人事现象。

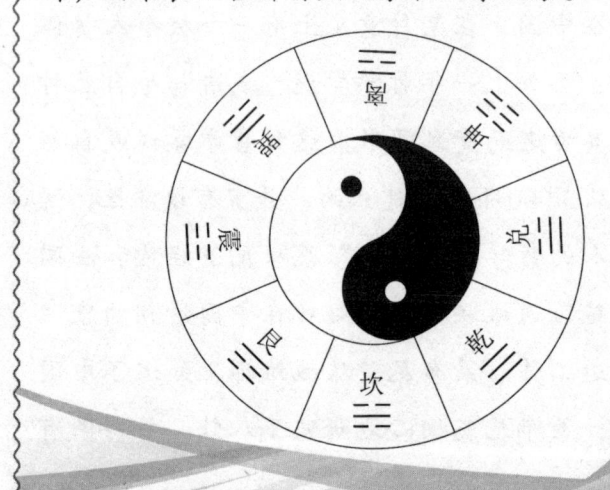

相关链接

数理逻辑的起源和发展

逻辑（logic）一词源于希腊文logoc，有"思维"和"表达思考的言辞"之意。数理逻辑是用数学的方法来研究推理规律的科学，它采用符号的方法来描述和处理思维形式、思维过程和思维规律，进一步的说，数理逻辑就是研究推理中前提和结论之间的形式关系，这种形式关系是由作为前提和结论的命题的逻辑形式决定的，因此，数理逻辑又称为形式逻辑或符号逻辑。

最早提出用数学方法来描述和处理逻辑问题的是德国数学家莱布尼茨（G.W.Leibnitz），但直到1847年英国数学家乔治·布尔（George Boole）发表"逻辑的数学分析"后才有所发展。1879年德国数学家弗雷格（G.Frege）在《表意符号》一书中建立了第一个比较严格的逻辑演算系统，英国逻辑学家怀特海（A.N.Witehead）和罗素（B.Russell）合著的《数学原理》一书，对当时数理逻辑的成果进行了总结，使得数理逻辑形成了专门的学科。

1938年，克劳德·艾尔伍德·香农（Claude Elwood Shannon）发表了著名论文《继电器和开关电路的符号分析》，首次用布尔代数对开关电路进行了相关的分析，并证明了可以通过继电器电路来实现布尔代数的逻辑运算，同时明确地给出了实现加、减、乘、除等运算的电子电路的设计方法。这篇论文成为开关电路理论的开端。其后，数理逻辑开始应用于所有开关线路的理论中，并在计算机科学等方面获得应用，成为计算机科学的基础理论之一。

←克劳德·艾尔伍德·香农

电子计算机之父　冯·诺伊曼

电子计算机之父

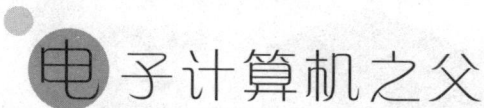

谁播种种子，谁就会有丰收。
——铁托

冯·诺伊曼真不愧是天才，他所涉及的范围之广，创建之多，令人叫绝。在这本书快到一半时，我们才有机会向大家介绍他在计算机科学方面的成就，正因为这非凡的成就，他被人们冠以"电子计算机之父"的美誉。

其实说来，电子计算机的诞生并不是偶然的，从

→ 世界上第一台电子计算机 ENIAC

科学家卷：069

查尔斯·巴贝奇

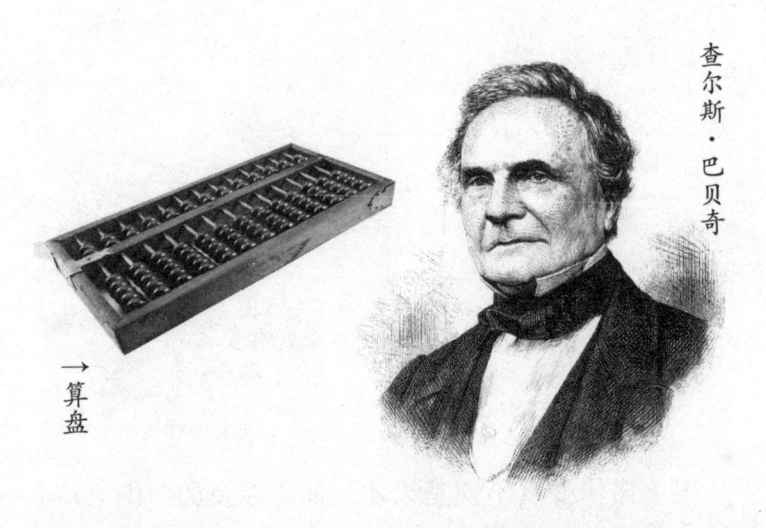

→ 算盘

工具性质的角度来看，古代结绳记事所用的筹算就可以归结为计算工具之类了。世界上公认的最早的计算工具是我国宋代就开始出现的算盘，可能我们想不到现在仍在使用的算盘竟有如此悠久的历史。从具有近代计算工具的意义上说，1834年，英国剑桥大学教授查尔斯·巴贝奇受当时工业上使用的穿孔卡织布机的启迪设计分析机。虽然分析机一直没有完成，但在它上面提出了包括现代计算机都具有的五大装置：输入、处理、存储、控制、输出，开创了近代机械计算机研究的先河。另外，还有一位，那就是英国著名诗人拜伦的女儿爱达。她与自己的父亲相反，是一位才思敏捷的数学家，她发现了编程的基本要素，并因其在程序设计上的开创性工作，被誉为世界上第一位程序员，

电子计算机之父　**冯·诺伊曼**

ENIAC——和埃克特并称为"ENIAC之父"的莫奇利被人称为"天才的科学家",而埃克特则被称为"天才的工程师",因为ENIAC的构思、方案和总体设计是莫奇利提出来的,而埃克特则在电路设计和工程实现上的贡献更多一些。相差12岁的"天才科学家"和"天才工程师"的亲密合作成就了20世纪最伟大的发明创造,为人类进步和社会发展作出了巨大贡献。

也因此，1980年美国国防部把她开发的新的计算机程序设计语言叫作 Ada 语言。可见，要找一个工具用以代替人进行机械的计算的想法是源远流长的。今天，我们看到在学校或家庭使用的计算机时，很难把它们和算盘联系起来，也很难想到它竟和织布机有

约翰·莫奇利——世界上第一台电子计算机 ENIAC 的设计者

关系，更难以想象它还可以和著名诗人攀上亲缘。

虽然冯·诺伊曼被称为"电子计算机之父"，但第一台电子计算机并不是他建造的。早在1942年，莫奇利教授在宾夕法尼亚大学提交了一份备忘录，建议建造一台电子计算机来完成弹道表这至关重要的计算，这就是 ENIAC（常译为埃尼阿克）的蓝图，但并未引起重视，而这时冯·诺伊曼还在马里兰州的阿伯丁导弹试验场。第二次世界大战中，常规火炮是最重要的进攻性和

拦截性武器。正因如此，美国陆军军械部在这里建立了一个专门从事弹道计算的分部——弹道研究实验室，冯·诺伊曼正是这个试验室的顾问。他目睹了几百名工作人员没日没夜地进行弹道表计算的场面。

虽然弹道计算在理论上和方法上比较简单，但是计算量却无比庞大。一般说来，计算一个弹道平均需750道乘法和更多的加减法，而一门火炮至少应该包括2 000到4 000个弹道，如此巨大的运算量是人力所不可能快速完成的。虽然炮弹飞行时间只有1分钟，而算出一条弹道却需20个小时。

也许是这样繁杂的计算，才促使军方在1943年4月与宾夕法尼亚大学莫尔工学院签订了合同，立项拨款，

→宾夕法尼亚大学

← 宾夕法尼亚大学校徽

开始了ENIAC的研制工作。其设计者是莫奇利教授和他的学生埃克特，军方与宾夕法尼亚大学的联络员是高德斯中尉。冯·诺伊曼应"原子弹之父"奥本海默之邀进行原子弹研制工作。在这里，他遇到了更多的大运算量的问题，比如原子弹爆炸的计算问题、气象预报、超音速飞机等流体力学问题等等，解决这些问题，只有依靠具有运算能力的机器才行。特别是后来涉及原子核裂变反应过程的计算更是十分复杂，几百名工作人员用台式计算器不停地运算还不能满足要求，纵然有成千上万个像他那样的优秀运算专家，也难以解决这些实际问题。他想，要是能设法研制出高速运算的计算机来解决这些复杂的计算问题该多好啊！

在普林斯顿，没有人不知道冯·诺伊曼这个神算

电子计算机之父　冯·诺伊曼

家。哪怕再复杂的算题,别人必须在黑板上或在纸上进行复杂的推演和计算,他却只需在头脑中进行,而且每次总比笔算者算得更准。关于这些速算的"神话"传扬开去之后,他的神算家的称号受到了挑战。

费城的阿伯丁导弹试验场有位青年科学家很不相信,他想亲自试一试。有一次,他挑选了一道非常复杂的计算题,事先计算出结果来。求出第一步解,他笔算花了15分钟的时间,求出第二步解他笔算花了1个小时,第三步解求助于台式计算器还用了整整半天。过了几天,冯·诺伊曼来到试验场,这位青年把计算题递过去请教。冯·诺伊曼认真地看了一遍题后,抬起头来思索第一个解,半分钟后刚想说出答案,被那位青年抢了先:"是2.31吧?"冯·诺伊曼吃惊地看了他一眼,继续算第二步解,约5分钟后,他开口想说出答案,又被那位青年抢过了话头:"是7.49吧?"冯·诺伊曼听了,诧异的目光在青年的脸上打量了片刻,皱起眉头继续凝神思索。大约25分钟后,他自信地说:"好

约翰·莫奇利

← 世界上第一台计算机 ENIAC

了,第三步解是……""是11.06吧?"又是那青年占了上风!冯·诺伊曼再也忍不住,一把抓住对方的衣服,神情激动地嚷道:"怎么可能呢……这怎么可能?"真的,迄今为止他还从来未见过比他算得快的人。直到这位青年向他承认事先准备好答数时,他才平息心头的烦乱。事后,他久久不能平静,虽然最后还是他赢了,但他自己却有些感叹,他感到无论是战争或其他

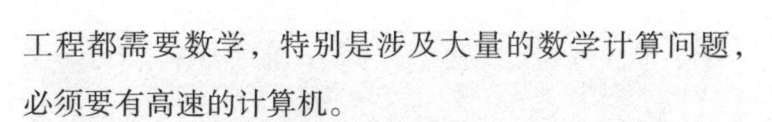

工程都需要数学,特别是涉及大量的数学计算问题,必须要有高速的计算机。

可以说,冯·诺伊曼对数值研究一直有很浓的兴趣,这种兴趣一是来源于他最初关于数理逻辑与集合论中形式主义所做的研究,他青年时期的工作是与希尔伯特将数学作为一种有限游戏的纲领密切相关的;另一种强烈的动机来自他对数学物理问题的研究,这包括对古典物理中各态历经理论的纯理性工作,以及他对量子力学的贡献。在流体力学,以及在原子能技术中所提出的各种流体力学问题中,遇到了更多的实际的需要。对于这些问题日益增长的探讨,直接引导到问题。早在洛斯·阿拉莫斯计划的初期,冯·诺伊曼就已明显地看到,即使是为了得到定性的解答,单靠解析研究也常常是不够的。为了解决问题,若是用手工进行数值研究,或者即使是使用台式计算器,都需要长得无法容许的时间。正是基于这种状况,才迫使冯·诺伊曼满怀着对新的计算工具的期待,去从事计算方法的研究。

1944年夏天,一个偶然的机会,把他引向20世纪后半期重要的科学技术——计算机技术。他在这一领域再一次发挥了卓越的独创才能,使自己成为电子计算机、计算机科学和技术、数值分析的重要开拓者。

埃克特和莫奇利——世界第一台电子计算机ENIAC设计者

  1944年夏天的一个傍晚，冯·诺伊曼等待去费城的火车。在候车室里，身旁的一位青年很快认出他是闻名世界的大数学家冯·诺伊曼。这位青年人怀着会见大人物时那种局促不安的心情走了过来。这位名叫高德斯坦的青年涨红着脸向数学家自我介绍，说他现在在费城宾夕法尼亚大学的莫尔工学院工作。冯·诺伊曼热情地招呼他坐下，关心地询问他的工作情况。大科学家毫无架子、和蔼谦虚的态度使高德斯坦很感动，他一点也不觉得拘谨，畅所欲言地向冯·诺伊曼请教了一些数学疑难问题。最后，他还告诉数学家说，他正在莫尔工学院参加试制每秒钟能计算333次乘法的电子计算机工作。这件事恰巧同冯·诺伊曼当时正在日日夜夜思索的问题不谋而合。冯·诺伊曼兴奋极了。他拉住这位青年人，一连串提出了好多严肃而又认真的问题，使这位年轻人仿佛又经历了一次博士论文的答辩。

这位年轻人就是在第一台电子计算机研制过程中军方与宾夕法尼亚大学的联络员高德斯坦中尉。这项工作早在一年多以前就已经开始了。冯·诺伊曼向他详细了解了这方面的工作，从中领悟到了非常重要的意义。与高德斯坦分手后，冯·诺伊曼急不可耐地写信告诉宾夕法尼亚大学的莫尔工学院，希望马上访问

→莫奇利

← 莫奇利夫妇

那里,看看这台尚未出世的机器。莫尔工学院计算机设计组的负责人,美国著名物理学家莫奇利和工程师埃克特听说后十分高兴。他们没想到能够引起这位大名鼎鼎的天才数学家的兴趣,他们非常渴望能得到这位大科学家的指导和帮助。埃克特说:"冯·诺伊曼是否是真正的天才,从他来以后提的第一个问题就可判断出来。"这年8月初的一天,冯·诺伊曼来到了莫尔工学院。看到这台被称为ENIAC的电子计算机,他第一个问题就问起了机器的核心问题,即机器的逻辑结构。埃克特心中暗暗佩服:"不愧是位天才的科学家,一下就点到问题的要害!"这以后,冯·诺伊曼就成为莫尔工学院的实际顾问者,他同ENIAC的首批研制者

电子计算机之父　冯·诺伊曼

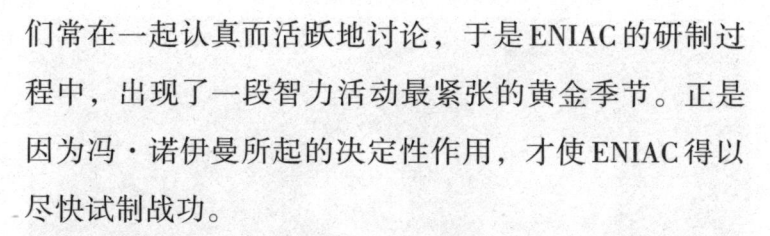

们常在一起认真而活跃地讨论，于是ENIAC的研制过程中，出现了一段智力活动最紧张的黄金季节。正是因为冯·诺伊曼所起的决定性作用，才使ENIAC得以尽快试制战功。

　　第二次世界大战很快结束了，ENIAC在计算弹道方面没能派上用场，但是它却解决了位于洛斯·阿拉莫斯的原子弹大爆炸的空间问题，并极大地加快了原子弹的研制工作。毫不夸张地说，电子计算机的诞生为提前结束第二次世界大战做出了一定的贡献。ENIAC一直工作到1955年才退役。作为现代计算机的始祖的ENIAC共用了18 000个电子管，1 500个继电器，重达30吨，占地170平方米，耗电140千瓦，每秒钟能计算5 000次加法。它和今天的高性能计算机相比相当"笨拙"，功能还远远不如一台现代的普通微机。

　　世界上第一台电子计算机占地太大，需几间屋子，耗电太多，只要它一开始工作，大半个城市都不能用电，并且它不是自动的。它运算几分钟，事先就需要用几小时由人工来连接相应的电路。冯·诺伊曼仔细研究了ENIAC的优缺点，总结了它的经验和教训，提出了许多新的设计思想，1945年初，冯·诺伊曼完成了完整的存储程序通用电子计算机EDVAC的逻辑方案。这个方案，包括了现代电子计算机逻辑结构的一

←莫奇利

系列最主要的特征。其中最重要的思想是关于存储程序的思想。ENIAC虽然也有存储数字的存储器，但数字是由指令来操纵，指令本身则存储于计算机其他部件的电路内，解题前必须考虑到所需的全部指令，并由人工接通相应的电路，这就浪费了大量的时间。

冯·诺伊曼设想，程序设计者可以事先按一定要求编好程序，把它和数据一起存储在存储器内，使全部运算成为真正的自动过程。这不仅解决了计算机的速度匹配问题，而且带来了在机器内部用同样的速度进行程序的逻辑选择的可能性。

冯·诺伊曼的方案中另一个重要的思想是把二进

制系统地运用到计算机上。早期的继电器计算机也使用二进制，但电子元件的使用才真正使运用二进制成为必要。早在1854年，英国数学家布尔就发表了他的重要著作《思维规律研究》，成功地将形式逻辑归结为一种代数演算，即今天的以他的名字命名的布尔代数。在这种代数中，变量只取0和1两个值，特别适用于只是有开断与接通两种状态的电路系统。如果电子计算机采用二进制，用逻辑线路处理逻辑代数运算就非常方便。所以布尔代数为把电子元件及其线路应用到计算机中提供了重要的理论基础。二进制数是17世纪莱布尼茨比较系统地提出来的，但直到300年后，在电子计算机中，它才真正发挥了巨大的作用。

1943—1946年，第一代数字电脑ENIAV在这里被研制出来，因此莫尔学院被尊称为计算机工业的摇篮。

←英国数学家图灵

　　冯·诺伊曼是十分谦逊和实事求是的。他在DEVAC的设计方案中明确提出了"存储程序"的思想，但他不是首先提出这种想法的人。他自己多次说过，其实这是英国数学家图灵最早提出来的。冯·诺伊曼的一位助手也说过，如果不考虑巴贝奇、艾达·拜仑和其他人早先提出过的有关概念，计算机的基本概念都是属于图灵。因为图灵早在1936年就发表了

电子计算机之父　**冯·诺伊曼**

→ 查尔斯·巴贝奇

《关于理想计算》一文,提出了理想计算的理论,给可计算性下了一个严格的数学定义。不过,他提出的这种理论并不是为了研制具体的计算机,而是为了解决纯数学问题,但是图灵从数学上证明了通用的计算机是应该存在的。冯·诺伊曼认为自己所起的作用只是

科学家卷　085

使世界认识到由图灵引进的基本概念以及了解到在莫尔工学院和其他地方所进行的计算机的工作。

不管冯·诺伊曼怎样谦逊,我们今天仍然认为他所提出的"冯·诺伊曼概念"是计算机领域最重要的概念,按照他的思想所建造的计算机我们称之为冯·诺伊曼计算机。在半个世纪之后的今天,我们所拥有的计算机都属于冯·诺伊曼计算机的范畴,因此人们给他戴上了"电子计算机之父"的桂冠。

← 查尔斯·巴贝奇

C. BABBAGE (MATHEMATICIAN)
Died Oct. 20, 1871, aged 79

冯·诺伊曼的设想

> 科学的真正的与合理的目的在于造福于人类生活,用新的发明和财富丰富人类生活。
> ——培根

1945年电子计算机的出现,是人类智力解放道路上的重要里程碑。自18世纪蒸汽机问世以来,再没有比电子计算机的发明更加激动人心的了。它的巨大威力在于它能够延长人脑、模拟人脑的某些功能。因此,它不仅极大地增强了人类认识世界和改造世界的能力,而且将更加广泛、深刻地改变人类社会的生活。从这个意义上,西方一些经济学家把电子计算机的诞生作为现代新产业革命的一个标志。

ENIAC的成功具有划时代的意义。但是,ENIAC还很不完善,它体积大、耗电多,不是全自动的。因此,在ENIAC试制成功几个月后,冯·诺伊曼便起草了一份新的设计报告,对ENIAC进行了改造。这项更完善的设计为现代电子计算机的结构奠定了基础。它确定计算机应由5个部分组成,即计算器、控制器、存储器、输入设备、输出设备。它还用二进制代替十进制,大大方便了电路设计,并能把程序像数据一样储存起来。改造后的计算机称为EDVAC,是现代计算机的原型,后人也称它为"冯·诺伊曼机"。

谁知,新机器EDVAC还没问世,研制人员却为争夺ENIAC的优先权问题进行了争吵。1945年底,莫尔

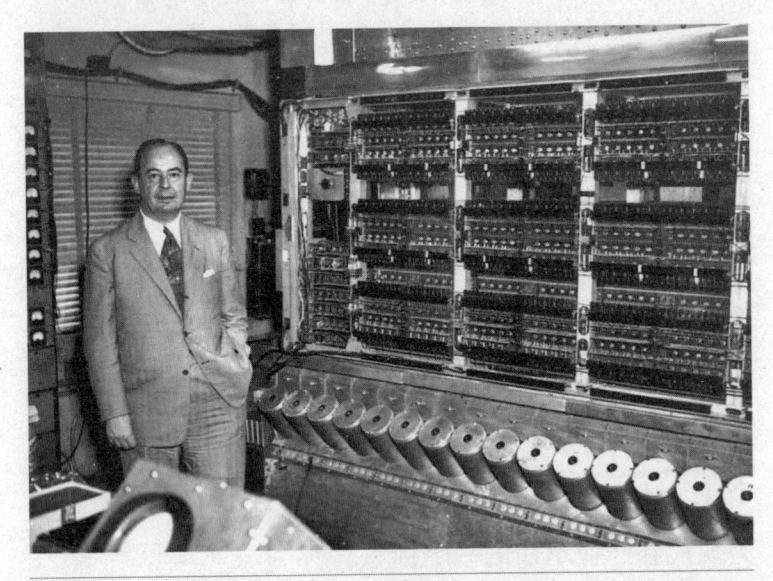

从1944年8月到1945年6月,在莫尔学院定期举行学术会议,提出各种研究报告。1945年6月30日,莫尔学院发表了冯·诺依曼总结的EDVAC(离散变量自动电子计算机)方案,确立了现代计算机的基本结构,提出计算机应具有五个基本组成成分:运算器、控制器、存储器、输入设备和输出设备,描述了这五大部分的功能和相互关系,并提出"采用二进制"和"存储程序"这两个重要的基本思想。

电子计算机之父　冯·诺伊曼

学院的计算机研制小组分裂了，埃克特和莫奇利自己开了家公司，从事计算机的研制和大规模的生产。冯·诺伊曼则带着高德斯坦回到了普林斯顿高等研究院，准备继续完成EDVAC的研制工作。

由于冯·诺伊曼的归来，普林斯顿高等研究院掀起了一次真正的"计算机热"。在他的带领下，原来从事理论研究的、显得冷冷清清的研究院，开展起从计算机的研制到计算机应用的广泛研究。没多久，这里便成了美国电子计算机的中心，吸引了大批工程师和各种专业人员投奔而来。

冯·诺伊曼的存储程序思想，深深地吸引了各国的计算机专家。1946年暑假，在美国的宾夕法尼亚大学,冯·诺伊曼举办了"电子数字计算机设计的理论和技术"讲习班,来自各国的29名专家参加了研讨,其中包括英国剑桥大学教授威尔克斯。在讲习班期间,威尔克斯设计了EDSAC。1949年5月,EDSAC在英国剑桥大学投入运行,这是第一台体现冯·诺伊曼存储程序思想的电子计算机。而早已完成原理设计的EDVAC到1950年还在测试之中,在各方面的合作下,冯·诺伊曼等人终于研制成功了全自动的通用电子计算机EDVAC,于1952年正式投入使用,成为体现冯·诺伊曼存储程序思想的第四台电子计算机。

EDVAC的效率比ENIAC高几百倍,但是,冯·诺

鉴于冯·诺依曼在发明电子计算机中所起到关键性作用,他被西方人誉为"电子计算机之父"。

电子计算机之父 **冯·诺伊曼**

伊曼并没有沉醉在这一成功的喜悦中忘乎所以,他的天才的头脑又开始考虑编制计算机的工作程序问题,以期待更好地使用计算机去解决复杂的数学问题。这也是他与高德斯坦几年前就开始钻研的课题。他们发明的自动编程序的方法,可以把所要计算的问题的语言翻译成机器语言储存起来,随时都可以使用。此外,冯·诺伊曼还设计了许多计算方法,数十种计算技巧,如"子程序"等等都是由冯·诺伊曼在第二次世界大战以后那几年首创的。这些工作中有些直到现在还没有被数学界普遍采用,然而却为今天在工业和政府计划中使

安装在弹道研究实验室的EDVAC——1945年诺伊曼以"关于EDVAC的报告草案"为题,起草了长达101页的总结报告。报告广泛而具体地介绍了制造电子计算机和程序设计的新思想。这份报告是计算机发展史上一个划时代的文献,它向世界宣告:电子计算机的时代开始了。

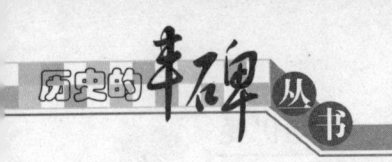

EDVAC方案明确奠定了新机器由五个部分组成，包括：运算器、逻辑控制装置、存储器、输入和输出设备，并描述了这五部分的职能和相互关系。报告中，诺伊曼对EDVAC中的两大设计思想作了进一步的论证，为计算机的设计树立了一座里程碑。

用计算机的大量科学技术人员所熟知。这些工作中大多数都表现出冯·诺伊曼在数理逻辑和算子理论的代数研究方面的早期工作中所使用的那种典型的综合技巧，往往带有艺术大师的特色。

　　冯·诺伊曼其实在EDVAC竣工之前，就已埋头于设计和解决洛斯·阿拉莫斯实验中关于氢弹制造中的许多计算问题了。在此之后，他使用计算机这个先进的工具，为美国第一颗氢弹的试制成功，做出了决定性的贡献。

　　与流体力学相关的天气预报，也一直是冯·诺伊

电子计算机之父　**冯·诺伊曼**

冯·诺依曼由ENIAC机研制组的高德斯坦中尉介绍参加ENIAC机研制小组后，便带领这批富有创新精神的年轻科技人员，向着更高的目标进军。1945年，他们在共同讨论的基础上，发表了一个全新的"存储程序通用电子计算机方案"——EDVAC。在这过程中，冯·诺依曼显示出他雄厚的数理基础知识，充分发挥了他的顾问作用及探索问题和综合分析的能力。

曼关心的问题。他曾说过"预报算不了什么，重要的是控制天气"。在研制第一台计算机的同时，他就有控制天气等明确意图。他游说于气象学家之间，并对当时的物理学界就自己的计划发表了令人神往的演说。虽然演说有些乐观主义，但他有自己特别的数学理由。他认识到，复杂的动力系统可能具有不稳定点，这是一些临界点。在那里稍稍一推就会有严重后果，就像一只球平

科学家卷　093

衡在山顶尖端一样。当计算机造好并开始运行之际，冯·诺伊曼曾设想：科学家们在此后几天之内就可以计算流体运动的方程。在冯·诺伊曼这种观念的支配之下，50年代至60年代对天气预报曾有过不现实的乐观主义，报纸杂志充满了对气象科学的希望，不仅是预报，而且还要改变和控制天气。随着两项技术数字计算机和空间卫星的成熟，曾经准备了一项国际合作计划来充分利用这些新技术，这就是"全球大气研究计划"。到了80年代，已在离华盛顿环形公路不远的马里兰郊区，组成了一个大规模的机构，专门从事于实现冯·诺伊曼提出的设想，至少去实现它的预报部分。在马里兰郊区一座其貌不扬的方形建筑物中，聚集着美国第一流的预报员，屋顶上林立着侦察用的雷达和天线。每一小时，从全球各个国家，从卫星、飞机和观察船只上都有数据流入。这就是美国国家气象中心。它做出的预报之准确在全世界居第二位。

1949年第一台存储程序计算机——EDSAC

相关链接

计算机学科的产生

最早的计算机科学学位课程是由美国普渡大学于1962年开设的，随后，斯坦福大学也开设了同样的学位课程。但针对"计算机科学"这一名称，当时引起了激烈的争论。因为当时的计算机主要用于数值计算，因此，大多数科学家认为使用计算机仅仅是编程的问题，不需要做任何科学的思考，没有必要设立学位课。

20世纪七八十年代，计算技术得到了迅猛发展，并开始渗透到许多学科领域，但争论还在继续：计算机科学能否作为一门学科？计算机科学是理科还是工科？或者只是一门技术、一个计算商品的研制者和销售者？针对激烈的争论，1985年春，ACM和IEEE-CS联手组成攻关组，开始了"计算作为一门学科"的存在性证明，经过近4年的工作，攻关组提交了《计算作为一门学科》的报告，刊登在1989年1月的《ACM通讯》杂志上。

由于"证明一个学科的存在"是一个从来没有过的问题，因此，仅就证明方法来说，要得到学术界的广泛认可就是一件非常困难的事。《计算作为一门学科》报告从定义一个学科的要求、学科的简短定义，以及支撑一个学科所需的抽象、理论和设计的内容等方面，详细地阐述了计算作为一门学科的事实。

《计算作为一门学科》报告给计算机学科作了以下定义：计算机学科是对描述和变换信息的算法过程，包括对其理论、分析、设计、效率、实现和应用等进行的系统研究。它来源于对算法理论、数理逻辑、计算模型、自动计算机器的研究，并与存储式电子计算机的发明一起形成于20世纪40年代初期。

计算机学科研究计算机的设计、制造以及利用计算机进行信息获取、表示、存储、处理等的理论、方法和技术，它包括科学和技术两个方面，科学侧重于研究现象、揭示规律，技术则侧重于研制计算机、研究使用计算机进行信息处理的方法与手段。事实上，科学和技术是计算机学科两个互为依托的侧面，科学是技术的依据，技术是

电子计算机之父 冯·诺伊曼

科学的体现,技术得益于科学,又向科学提出新的课题,科学与技术相辅相成、互为作用,二者高度融合是计算机学科的突出特点。

计算机学科除了具有较强的科学性外,还具有较强的工程性,因此,它是一门科学性与工程性并重的学科,表现为理论和实践紧密结合的特征。在构建和测试自然现象的模型时,计算机学科属于科学学科,在设计和构建越来越复杂的计算系统时,采用的则是工程学的技术。

计算机学科是一门与应用紧密结合的学科,计算机学科的发展扩展了其应用范围,而计算机的应用也促进了学科自身的发展。

斯坦福大学图书馆

巨星的陨落

> 我的一生的主要乐趣和唯一职务就是科学工作。对于科学工作的热心使我忘却或赶走我日常的不足。
>
> ——达尔文

第二次世界大战结束以后,欧美许多科学家纷纷离开反法西斯战争服务的军事科学活动,回到自己所从事的专业,过着自由自在的生活。而冯·诺伊曼以他的聪明才智,大胆创新的探索精神以及高度的分析和判断能力受到政府各界人士的重视,难以"解甲归田",各种荣誉和头衔也纷至沓来。战时他已担任四个军事单位的顾问,战后竟成为几十个重要机构的高参和决策人士。许多人认为他是许多委员会里出色的主席,他会强烈地坚持其学术观点,而在组织事宜方面却十分随和。他担任的职务之多,以至艾森豪威尔总统甚至直接提名要求他参与美国原子能应用的规划工作。1956年,他获得了总统授予的自由勋章。与此同时，美国数学界也没有忘掉他，1951年和1952年，他担任美国数学学会的主席。因他在理论数学和理论物理方面又获得了更大的成果，1956年，他获得了美国首次颁发的爱因斯坦奖和费米奖。

关于他所担任的职务，可以列出下面一张不完全的单子：

1940—1957年，马里兰阿伯丁试验场弹道研究实验室科学顾问委员会成员；

1941—1955年，在华盛顿的海军军械局任职；

1943—1955年，洛斯·阿拉莫斯实验室顾问；

1947—1955年，马里兰银泉海军机械实验室顾问；

1949—1953年，华盛顿研究与发展委员会成员；

1949—1954年，奥克里奇国立实验室顾问；

1950—1955年，华盛顿的陆军特种武器设计委员会成员；

　　1951—1957年，美国空军华盛顿科学顾问委员会委员；

　　1952—1954年，总统指定的一般咨询委员会成员；

　　1953—1957年，华盛顿的原子能技术顾问小组成员；

　　1954—1957年，导弹顾问委员会主席；

　　……

　　我们只要数一数他的头衔，就会知道他担负着的巨大工作量，他在为政府内外各式各样的科学计划操劳。这位伟大的科学家，为了科学技术在各行各业中的应用，贡献了他全部的心血。

　　第二次世界大战结束后，大量的荣誉扑面而来，冯·诺伊曼并未停留在自己提出的冯·诺伊曼概念之上，又集中精力进行自动机理论的研究，为以后人工智能的发展打下了基础。这方面的研究实际上是为了解决怎样更好地使用计算机来为人们服务。那时候，冯·诺伊曼已经为人和计算机怎样用自然语言进行交流这个半个世纪之后人们普遍深入研究的问题产生了兴趣。在他临终前未写完的讲稿中，有这样一段论述："中央神经系统中的逻辑学和数学，当把它们作为语言看待时，它的结构一定和我们经验中的语言有本质的不同。"这位天才的大脑已经预感到对语言进行研究的重要性，已经意识到用计算机模拟人类的智能是指日可待的事情。

当然，这方面的工作在当时仅处于初创阶段，就

像他创立的博弈论一样，在过去若干年后刺激了广泛而日益增长的大量研究，在今天看来，这些工作应列入他最富有成果的思想之中。这个理论的很多概念和术语很多来源于数学、电子工程和神经病学。在他之前，图灵麦考洛奇和匹兹关于用电子

威斯利·克拉克——世界上最早的个人计算机LINC的发明者

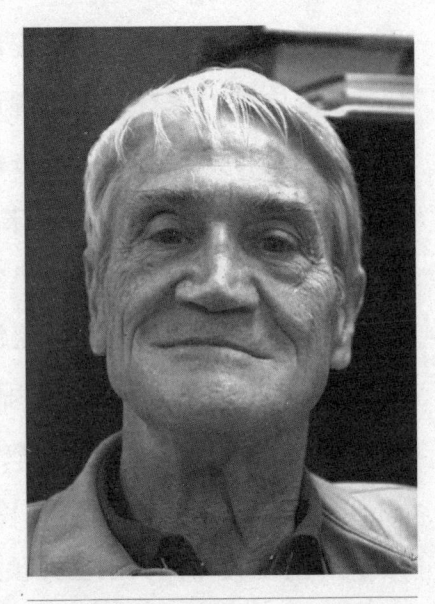

网络或理想神经系统来表示逻辑命题的思想，鼓舞他去提出和概括自动机的一般理论。这方面的研究，最初也许是处在一种简单化的水平上，今天在系统地描述有机体和神经系统本身活动的能力方面，已经有了更多的数学成果。

谁知在这样重要的时期，正当盛年的科学家却遇上了不幸，如果冯·诺伊曼能够多活20年，他留给人类的，必将是一笔丰富得多的文明财富。

以前，冯·诺伊曼虽然工作越来越繁忙，但他的健康状况一直很好。1954年，他开始感到十分疲劳，

电子计算机之父　冯·诺伊曼

→德国著名物理学家海森堡

但却未加注意。1955年他移居华盛顿,这年夏天,X光检查发现了他患不治之症的第一个迹象——他得了骨癌。接着就动了手术,他那理智的头脑意识到自己没有多少日子可活了,便以惊人的毅力克服着癌症带来的病痛,继续坚持工作。病情继续恶化,他仍然不愿躺在病床上,而是坚持坐在轮椅里,不停地思考、写作,甚至还出席有关的学术会议。

1957年2月8日,杰出的科学家,一代数学巨人,伟大的电子计算机之父冯·诺伊曼,丢下了大量的未竟事业,在里德医院与世长辞了,终年53岁。

据传说,量子理论家海森堡临终时在病榻上宣布,他要带两个问题去见上帝:相对论和湍流。海森堡说:"我真的相信他对第一个问题会有答案。"当然关于这个传说的主人是谁,至少还有几种不同的说法:冯·诺伊曼、兰姆·索末菲和冯·卡尔曼。奥尔察格说:"如果上帝真会对这几位给出答案,那么每个人所得都不相同。"

相关链接
XIANGGUAN LIANJIE

科学计算的提出

科学计算是计算机的传统应用领域。科学计算是指使用计算机解决在科学研究和工程技术领域中提出的大量复杂的数值计算问题。自从计算机诞生以来，由于计算机具有运算速度快、精度高、存储容量大、不知疲倦等特点，成为科学计算的有力工具。

科学计算一词最早出现在1983年，由美国国防部、能源部、国家科学基金会联合向美国政府提出的报告中，强调"科学计算是关系到国家安全、经济发展和科技进步的关键性环节，是事关国家命脉的大事。"当时轰动美国朝野。1984年美国政府大幅度增加科学计算经费，美国国家科学基金会NSF建立了"先进科学计算办公室"，制定全面高级科学计算发展规划，连续5年累计拨款2.5亿美元，分别在普林斯顿大学、圣地亚哥、伊里诺大学、康奈尔大学和匹兹堡建立5个国家级超级计算中心，配备当时最高性能计算机，建立

电子计算机之父　冯·诺伊曼

NSFnet 新网络。

目前，从微观世界的揭示到宇宙空间的探索，从数学、物理等基础科学的研究到导弹、卫星等尖端设备的研制，以及在船舶制造、建筑设计、电路分析、地质勘探、天气预报、生命科学等国民经济各个领域中的大量数值计算，由于内容复杂、计算量大、要求的精度高，只有以计算机为工具才能快速计算，如果没有计算机，这么巨大的计算工作量单靠人工计算是绝对不能完成的。

随着计算机的普及和科学计算问题的日益复杂，编制程序的困难越来越突出。为了避免重复劳动、方便用户和提高科学计算的水平，人们开发了用于科学计算的标准程序库和软件包。MATLAB 是目前广泛使用的一个科学计算软件包，可用于各领域中数学问题的求解。MATLAB 最初主要用于矩阵运算，经过不断地扩充和完善，可以提供曲线拟合、正交分解、特征值和特征向量计算、滤波、快速傅里叶变换、数值积分、微分方程求解、非线性方程求解以及绘制曲线、曲面、三维立体图和生成复杂图形等功能。

科学家卷

缅怀巨星

> 人好学，虽死若存；不学者，虽存，谓之行尸走肉耳。
> ——王嘉

冯·诺伊曼虽然离我们远去了，但他永远不会被我们遗忘，普林斯顿的同事们总是亲切地称呼他约翰尼。约翰尼的朋友们记得他很有特色的仪表：他站在黑板前面或是在家里讨论问题，不晓得什么缘故，他的手势、微笑和眼神，总是反映一种思想，反映所论问题的实质。他中等身材，年轻时很瘦，后来渐渐发

→冯·诺伊曼的纪念邮票

胖，他来回走动时总是迈着小步，忽慢忽快，但从来不会很急。每当问题出现逻辑上的或数学上的自相矛盾时，他的脸上总要闪着一些微笑。

他好像一身兼有多种才能，即使它们之间并不矛盾，但至少每一种才能都要求倾注全力，所以它们能汇集于一人身上是十分难得的。这些才能包括：对数学思想的集合论基础的感知；对分析和几何的经典数学之本质的理解和认识；一种非常深刻的洞察力；能发掘现代数学方法的潜在威力，并用于已有的和新的理论物理问题的形式化。所有这些都被他出色的和富有创造性的工作所证明。他的工作确实涉及了现代数学思想非常广泛的领域。

冯·诺伊曼跟人们有一种生动的关系，喜欢和别

→功能各异的电脑陆续生产，稳定发展。

←世界最早的电脑之 1 Harvard Mark I Computer

人闲谈。你常常会感到他正在搜集人们的某种特征，印入自己的脑海就好像准备进行统计方面的研究，时迁人变，他也不例外。记得他年轻时，好几次对他的助手讲过这种信念：人大约过了26岁，主要的数学创造能力就下降了，不过由经验发展起来的比较平凡的机敏设法弥补了这种渐渐而去的损耗。至少在一段时间内可以弥补一下。可是后来他把这条年龄界限慢慢地拖后了，甚至忘却了。

冯·诺伊曼和朋友们谈起数学课题时能持续好几个小时，即使话题离开了数学，也从不缺乏谈论的主题。偶尔，他也参加到评论其他科学的谈论中去。总的说来，他的意见是十分豁达的，不过往往也会轻描

电子计算机之父　冯·诺伊曼

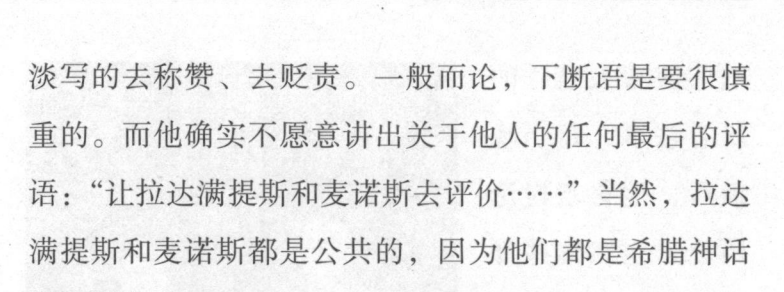

淡写的去称赞、去贬责。一般而论，下断语是要很慎重的。而他确实不愿意讲出关于他人的任何最后的评语："让拉达满提斯和麦诺斯去评价……"当然，拉达满提斯和麦诺斯都是公共的，因为他们都是希腊神话中的判官。

朋友们都很喜欢他的幽默感，在数学家的同僚中间，他会用数学特有的方式，讲出对历史或社会现象很有启发性的评论，而且往往是讽刺性的：以只有在空集才能成立的论点来展现内在的幽默，空集上成立当然也就是在哪里也不成立。这只有数学家才能欣赏。

除了科学之外，他的主要兴趣可以说是研究历史。他对古代史的了解已到了惊人的程度。比如，他记得

→离散变量自动电子计算机 EDVAC

科学家卷　109

东印度猿人衰亡的所有轶事，每当晚饭后，他喜欢讨论历史，当然这些都是他幼年熏陶的结果。他渊博的知识，再加上分析拓展，使他对未来许多事件有清醒的认识，在许多重大的关键时刻，他总是做出正确的选择，与此有很大关系。

←计算机的产生

冯·诺伊曼也是一个优秀的语言学家，这是他获得的众多成就之一。在学校学的拉丁语和希腊语他说得特别好，他还能流利地讲德语和法语，更不用说英语了。他在美国的讲演以其文学方面的修养而著称，当然有极个别的随母语而来的发音错误，大家未卜先知。他常去洛斯·阿拉莫斯和杉达菲访问，在这种时候，他表现出对西班牙语并不精通。有一回到墨西哥旅行，他试图用一种自创的"新西班牙"语来使别人理解，而实际上只是带有"el"词头和适当的西班牙语尾的英国话。

电子计算机之父 冯·诺伊曼

不少人认为冯·诺伊曼是许多委员会里出色的主席,特别是在二战后他曾一度是18个委员会的顾问或委员,特别是在原子能委员会做出了突出的成绩。他能力极强并且自己也充分意识到这一点,但他仍然十分谦虚。他非常称道其他几位数学家和物理学家所具有的素质,并觉得自己在某些方面没有达到尽可能高的水平。

如果要按年代循迹冯·诺伊曼的兴趣和成就,那就是对近30年来整个科学发展的大部分内容的一次回顾。纵观冯·诺伊曼的工作,看到它是如此众多和范围广阔,我们会同意希尔伯特所说:"数学科学会不会遭受像其他科学那样的厄运,即被分割成许多孤立的分支,它们的代表人物很难相互理解,它们的关系变得更松弛了?我不相信会出现这样的情况,也不希望会出现这样的情况;我认为,数学科学是一个不可分割的整体,它的生

← 离散变量自动电子计算机

命力正是在于各个部分之间的联系。尽管数学知识千差万别，我们仍然清楚地意识到：在作为整体的数学中，使用着相同的逻辑工具，存在着概念的亲缘关系，同时，在它的不同部分之间也有大量的相似之处……"冯·诺伊曼的工作，正是对实现数学的普适性和有机统一性这个理想的一种贡献。

18世纪一些伟大的科学家，特别是欧拉，成功地使许多自然现象的描述纳入了数学分析的领域。冯·诺伊曼的工作，企图使那些由集合论和现代代数发展起来的数学扮演同样的角色。他在探索应用时的坚韧不拔和对所有精密科学的数学直觉力，完全使人想到了欧拉、庞加来，也许还有现代的海曼·魏伊尔。当

电子计算机之父　冯·诺伊曼

然在问题的多样性、复杂性方面，和上面所提到的前二位所遇到的情形是不可同日而语的。通常，数学家们在开始做创造性工作时，会受到两种截然不同的推动力：第一种，去为现存的数学大厦添砖加瓦，只要能做出未被解决过的问题，很快就能得到人们的承认；第二种，希望指出新的路径，创造出新的理论。当然，后者是一种更加冒险的事业，因为最后评判其价值或成就只能留待后人。冯·诺伊曼早期的工作选择了前者，到他的晚年，他才十分肯定自己自由地但是不辞劳苦地为创造一种可能的新学科而奋斗着。这就是计算机和人工智能。疾病和他过早的去世使他的这个事业仅停留在开始阶段。

而今天，由他开创的这门学科正如日中天。未来的信息社会是离不开计算机的。在新的世纪即将到来之时，让我们深深地缅怀"电子计算机之父"——冯·诺伊曼！

→离散变量自动电子计算机

相关链接

普适计算的提出

普适计算（pervasive computing 或 ubiquitous computing）是 1991 年由 Xerox PARC 实验室的 Mark Weiser 首次提出的一种超越桌面计算的全新计算模式。他认为："最伟大的计算技术是那些消失了的技术，它们将自己融入日常生活用品中，以至于它们从人们的视线中消失。"普适计算具有两个关键特性：一是随时随地访问信息的能力；二是不可见性。通过在物理环境中提供多个传感器、嵌入式设备、移动设备和其他任何有计算能力的设备，从而在用户不易察觉的情况下进行计算、通信，并提供各种服务，最大限度地减少用户的介入。普适计算的终极目标是实现物理空间与信息空间的完全融合。

普适计算这一新型的计算模式建立在分布式计算、通信网络、移动计算、嵌入式系统、传感器等技术的飞速发展和日益成熟的基础上，它体现了信息空间与物理空间融合的趋势，反映了人

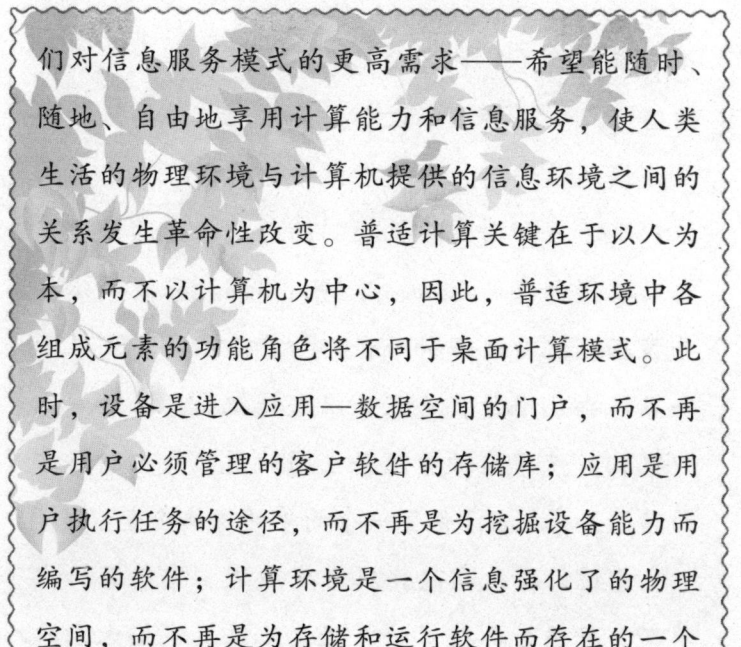

们对信息服务模式的更高需求——希望能随时、随地、自由地享用计算能力和信息服务,使人类生活的物理环境与计算机提供的信息环境之间的关系发生革命性改变。普适计算关键在于以人为本,而不以计算机为中心,因此,普适环境中各组成元素的功能角色将不同于桌面计算模式。此时,设备是进入应用—数据空间的门户,而不再是用户必须管理的客户软件的存储库;应用是用户执行任务的途径,而不再是为挖掘设备能力而编写的软件;计算环境是一个信息强化了的物理空间,而不再是为存储和运行软件而存在的一个虚拟环境。

目前的计算机理论和技术难以满足普适计算模式的要求,需要发展与之相适应的计算机科学理论与技术。鉴于普适计算的重要意义以及它带来的巨大挑战,普适计算已成为国际上一个蓬勃发展的研究热点。世界上主要发达国家的学术界、政府以及工业界都非常重视,投入了大量的人力、物力、财力,各自从不同方面对普适计算展开研究。

麻省理工学院的研究人员把CPU、键盘和触摸板都融进了衣服里，把衣服变成了一个无线的网络节点。这些数字设备对那些既需要灵活又需要连续通信的工作有着很大的意义。在日本，已经出现了一种由计算机控制的智能卫生间，能够自动收集和存储血压、脉搏、体温、尿液和体重等数据，这些数据科研在一个液晶显示屏上显示并且保存几个月，甚至可以直接把信息传送到医疗机构。使用这种智能卫生间的用户每次到浴室的时候，就相当于做了一个简单的身体检查。

　　普适计算是信息化社会发展进程中的又一次革新，普适计算技术必将极大地改变我们未来的生活方式和工作方式，对于我国IT界既是一次机遇，也是一种挑战。

普适计算